高校商务英语专业
复合型人才培养理念与路径

温偲睿 ◎ 著

中国出版集团

中译出版社

图书在版编目（CIP）数据

高校商务英语专业复合型人才培养理念与路径 / 温偲睿著. -- 北京：中译出版社，2024.6. -- ISBN 978-7-5001-8003-6

Ⅰ. F7

中国国家版本馆CIP数据核字第202478VQ96号

高校商务英语专业复合型人才培养理念与路径
GAOXIAO SHANGWU YINGYU ZHUANYE FUHEXING RENCAI PEIYANG LINIAN YU LUJING

出版发行 / 中译出版社

地　　址 / 北京市西城区新街口外大街28号普天德胜大厦主楼4层

电　　话 /（010）68359827，68359303（发行部）；68359287（编辑部）

邮　　编 / 100044

传　　真 /（010）68357870

电子邮箱 / book@ctph.com.cn

网　　址 / http://www.ctph.com.cn

策划编辑 / 于建军

责任编辑 / 于建军

封面设计 / 蓝　博

排　　版 / 雅　琪

印　　刷 / 廊坊市文峰档案印务有限公司

经　　销 / 新华书店

规　　格 / 710毫米 × 1000毫米　　1/16

印　　张 / 13.25

字　　数 / 220千字

版　　次 / 2025年1月第1版

印　　次 / 2025年1月第1次

ISBN 978-7-5001-8003-6　　　　　　**定价：78.00元**

商务英语作为一门专业性强、实践性突出的学科，旨在培养学生具备优秀的语言表达能力、跨文化沟通能力以及商务实践能力，以适应全球化背景下商务交流的需求。当前，随着经济全球化的深入发展和信息技术的快速进步，商务领域对人才的需求日益增长，商务英语专业也面临着新的挑战和机遇。

本书旨在对高校商务英语专业复合型人才培养理念与途径进行深入探讨与研究。首先，在绪论部分，对商务英语专业的定义、发展现状以及人才培养现状进行了概括性介绍，为后续内容的展开提供了背景与基础。其次，本书围绕复合型人才培养理念展开，探讨了复合型人才的概念、时代对复合型人才的需求以及商务英语专业复合型人才培养的核心理念，旨在引领商务英语专业教育朝着更加综合、实用和适应性强的方向发展。

在课程体系构建和教学模式研究方面，本书提出了针对商务英语专业的课程设置原则和教学模式创新，力求在传授语言技能的同时，注重商务实践和跨文化交际能力的培养。此外，针对商务英语专业教学实践，本书对听力、口语、阅读写作、翻译文化等方面进行了深入探讨，提出了相应的教学策略和方法。

在师资建设和评价体系方面，本书不仅分析了商务英语专业师资现状和素质要求，还提出了培养复合型人才的教师发展途径，以及建立评价体系和持续改进的方法。

最后，本书还关注商务英语教学资源和环境建设，探讨了资源整合利用、技术设施完善和实训基地建设等问题，旨在为商务英语专业的教学改革和发展提供参考和借鉴。

由于水平有限书中疏漏之处在所难免，敬请读者指正！

著者

2024 年 5 月

目录

第一章 绪论…………………………………………………………1

　　第一节　商务英语专业的定义与范畴……………………………1

　　第二节　当前高校商务英语专业发展现状与趋势………………9

　　第三节　商务英语人才培养的现状与反思………………………12

第二章 复合型人才培养理念探析……………………………16

　　第一节　复合型人才的相关概念…………………………………16

　　第二节　时代呼唤复合型人才……………………………………22

　　第三节　商务英语专业复合型人才培养的核心理念……………29

第三章 高校商务英语专业复合型人才培养的课程体系构建……36

　　第一节　商务英语专业课程体系构成要素………………………36

　　第二节　商务英语专业课程体系的设置依据……………………43

　　第三节　商务英语专业课程体系设置原则………………………54

第四章 高校商务英语专业复合型人才培养的教学模式研究……65

　　第一节　商务英语教学模式的创新………………………………65

　　第二节　商务英语实践教学与产学合作…………………………78

　　第三节　技术手段在商务英语教学中的应用……………………84

第五章 基于复合型人才培养的商务英语专业教学实践研究……92

　　第一节　商务英语专业听力与口语教学…………………………92

第二节 商务英语专业阅读与写作教学 ················· 106

第三节 商务英语专业翻译与文化教学 ················· 111

第六章 商务英语专业复合型人才培养的师资研究 ··········· 122

第一节 商务英语专业师资现状 ····················· 122

第二节 商务英语专业师资的素质要求 ················· 129

第三节 基于复合型人才培养的商务英语专业教师的发展途径 ······· 138

第七章 高校商务英语专业复合型人才培养的评价 ··········· 148

第一节 建立复合型人才培养的评估指标和评价体系 ········· 148

第二节 评估的方法与工具 ························· 154

第三节 效果反馈与持续改进 ······················· 161

第八章 商务英语专业教学资源和环境建设 ··············· 169

第一节 商务英语教学资源的整合与利用 ··············· 169

第二节 技术设施的完善 ··························· 173

第三节 实训基地建设 ····························· 187

参考文献 ····································· 199

附 录 ······································· 201

附录一 问卷调查 ······························· 201

附录二 学生满意度调查问卷 ······················· 202

第一章　绪论

第一节　商务英语专业的定义与范畴

一、商务英语的内涵与特点

商务英语是一种专门用于商业领域的英语，它涵盖了商业交流、商务谈判、市场营销、国际贸易等各个方面的语言运用。商务英语不仅仅是对语言的学习和运用，更是对商业活动的理解和参与，是商业社会中不可或缺的语言工具。

商务英语相对于一般的英语教学具有以下特点。

（一）词汇特点

1. 具有很强的专业性

在商务英语翻译中，专业性至关重要。专业术语是某一领域内的科学用语，其准确性直接影响着翻译的质量和专业性。国际贸易涉及诸多方面，如价格、付款、物流发货以及保险等，因此在翻译过程中，运用专业术语是必不可少的。[1]

举例来说，在翻译信用卡相关内容时，我们可以采用"letter of credit（L/C）"这一专业术语；而对于不可撤销的信用证，可使用"irrevocable L/C"；对于保兑信用证，则可采用"confirmed L/C"；而对于可转让的信用证，则可使用"transferable L/C"等专业术语。这些术语在商业领域中具有特定的含义，能够准确表达商业交易中的各种目的和想法，因此在商务英语翻译中的运用至关重要。

通过使用专业术语进行翻译，不仅可以确保翻译的准确性和专业性，还能够提高翻译的效率和可读性。商务英语翻译中的专业术语应当在适当的语境下运用，确保与原文的一致性，并且要根据具体的商务场景和需要进行恰当的选

1　冉倩.分析商务英语合同的语言特征及其翻译[J].校园英语，2018（42）：237.

择和运用。

2.古语在商务英语中的应用

在商务英语中，古语的运用常常用于法律合同或法律文件的翻译，这种古语的使用赋予商务英语更加正式和严肃的特点。古语在商务英语中的主要功能是体现复合词中的位置关系，从而提高文件的严谨性和正式性。举例来说，在翻译合同时，人们通常使用"this"来代替复合词中的"here"，以表明某一处的位置或情况；而在表达某一处的位置或情况时，则常常使用"that"来代替复合词中的"there"。商务英语中的古语虽然不常见，但却在特定情境下具有重要作用。通过运用古语，商务文件得以更加准确、严谨地表达各种位置关系，增强了文件的法律效力和专业性。古语的使用使得商务英语更加规范、正式，有助于保证合同或文件的可理解性和有效性。

（二）语篇特点

1.语篇的语言特点

在商务英语中，语篇的语言特点主要体现在使用客观性词语、规范性表达以及搭配的准确性上。为了确保文本的准确性和专业性，需要注意以下几个方面：

（1）客观性词语的使用

在商务英语中，应避免使用主观性词语或带有个人意见的词语，而应采用最为平实客观的表达方式。这样可以确保文本传递的信息准确、清晰，避免产生歧义或引起误解。

（2）规范性表达

为了规范语言使用，可以使用较为繁复的介词短语来代替简单的介词，以确保表达方式更加正式和准确。此外，还应选择正规的词语，避免使用灵活词语短语，以防止意思表达上的歧义。

（3）搭配的准确性

商务英语中不同词语的搭配可能会影响最终的理解。例如，在提及"记名提单"时，应使用"straight B/L"，而不是"direct B/L"，因为这两者在商务上有着不同的含义。因此，在翻译过程中，需要特别注意原文用词的差异，确保

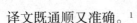

译文既通顺又准确。[1]

2.语篇的风格特点

（1）商务英语的用词风格

①用词专业

商务英语的词汇都具有非常明显的专业特点，一般来说英语词汇包含有两个重要特征：一个特征是词汇的含义非常丰富；另一个特征就在于用法也非常灵活多变。商务英语词汇的最大特点就在于具有非常强的专业性，即使是具备良好英语词汇积累的学生，在阅读商务英语文章时依旧会存在很大的障碍，虽然他们都认识每一个单词，但是有时候整个句子却无法认知其中心大意，这主要是学生对于一般词汇在商务英语环境之下的使用理解不透。

②用词非常准确

用词准确是商务英语词汇的一个重要特点，词汇会对整篇文章的文体风格产生直接影响。在国际贸易往来的过程之中，交易双方的往来信函是交易的重要组成，一般来说都具有法律效力。因此，除了广告语体之外，商务英语在使用时都必须表达得准确无误。在使用的过程之中，商务英语用词需要注重轻重，需要做到表达精确，例如，在众多商务英语文件中，合同中的时间和数字概念必须保证完全准确，不能存在丝毫的差错，切忌使用模糊词来进行阐述。

③存在很多术语

由于商务英语的使用时间非常长，为了可以更好地节约时间方便表达，商务英语中也形成了一些特定的专业术语。专业术语主要适用于不同的学科，用来准确表达特定值的概念，因此具有非常丰富的内涵。专业术语要求单一性，排斥多异性，而且在表达专业术语时词汇也必须是固定的词汇，不能对词汇随意地进行更改。在使用的过程中，商务英语中已经包含有大量的专业术语和词汇，这些词汇虽然从表面上看非常难懂，但是只要翻译者具有商务知识，准确理解每个词所表达的内涵就非常简单。

④措辞礼貌

在使用商务英语的过程之中，措辞往往非常讲究。在用词时，有时需要诚恳委婉，不能有盛气凌人或者是强人所难之意。措辞礼貌可以有效地缓解紧张的气氛，也是释放善意的重要手段。因此，无论竞争有多激烈，商务英语实际

1 王旭忠.商务英语的语篇模式及分析[J].科技纵横，2006（3）：185.

上都必须做到彬彬有礼。

（2）商务英语的句法风格

①用语固定化

商务英语在使用的过程中常常会使用一些固定的词语，这样既可以节约商务英语中词义分析的时间，同时也可以更好地加强双方之间的相互了解。

②表达精炼化

表达精炼主要是指商务英语的语法具有非常明显的文体风格，不仅选择非常简明，而且还非常重视用语得体。我们以商务信函为例，商务信函常常是以节约用词来保持句子的言简意赅，通常会使用单词来代替各种不同的短语，使用词组来代替不同的从句。在商务文件之中，除了合同中会出现较长的语句外，其他的商务信函或者是文书所使用的句子长度都在 10 个词至 20 个词之间。

③句式复杂化

在商务英语的句子中，有的句子非常长，句中常常会插入短语或者是从句，甚至一个句子就可以成为一个单独的段落。这些结构的句子在业务信函中不仅仅可以表达非常复杂的含义，同时也使得整篇文章显得非常严谨。除此之外，结构复杂的句子还包含有大量的复合句以及并列句，同时也出现了很多名词化的句子。

④意义逻辑化

人们在进行语言表达之时，常常会以意识形态作为依据，商务英语也是如此。在一定的社会或者是文化群体中，人们会出现较为固定的语言表达方式，商务英语也有属于自身的固定的语言表达方式，它的语篇结构的逻辑非常合理，而且词义联系非常连贯。

二、商务英语专业的学科范畴

（一）商务英语专业的定位和目标

1. 商务英语专业的定位

商务英语专业的定位在于培养具备良好英语语言能力和商务实践能力的专业人才。这些专业人才应当具备高水平的英语听说读写能力，能够流利地运用英语进行商务沟通和跨文化交流，并且具备国际贸易、市场营销等方面的实践经验和理论知识。商务英语专业的培养目标是为了满足当今商业环境中对于跨文化交流和国际商务合作的需求，培养学生成为具备全球视野和跨文化沟通能力的国际化商务人才。

在商务英语专业的学习过程中，学生将接受系统的英语语言培训，包括听力、口语、阅读和写作等方面的训练，以提高他们的英语语言水平。除了英语语言能力的培养，商务英语专业还会注重学生对商业实践的理解和应用。学生将学习国际贸易、市场营销、商务法律等相关理论知识，并通过案例分析、实地考察等方式了解实际商务操作。在此基础上，学生还将进行商务沟通与谈判、跨文化管理等实践性课程的学习，以提升他们在商务环境中的应变能力和解决问题的能力。

商务英语专业与时代的发展密切相关，随着经济全球化和信息技术的不断发展，跨国公司之间的商务合作日益频繁，因此对于掌握良好商务英语能力的人才的需求也日益增长。商务英语专业的培养目标是培养具备全球视野和国际化背景的专业人才，他们可以胜任跨国公司、国际贸易机构、跨文化交流机构等不同领域的工作岗位。

2. 商务英语专业的目标

商务英语专业的目标在于培养学生具备多方面的能力和素养，以应对商业领域的挑战和需求。具体而言，商务英语专业旨在培养学生具备以下能力和素养：

第一，学生应熟练掌握商务英语听说读写技能，能够在商务场景中准确、流畅地进行英语沟通。这包括了解商务英语的专业术语和表达方式，能够有效地与国际商业伙伴进行交流和协商。

第二，学生需要具备跨文化交流能力，能够在国际商务环境下与各种文化背景的人员进行有效交流。这需要学生具备对不同文化背景的理解能力，以及能够灵活适应不同文化环境的能力。

第三，学生还应熟悉国际贸易的基本原理和操作实务，能够参与国际贸易活动并处理相关事务。这需要学生了解国际贸易的政策法规、贸易程序和相关业务操作，以便能够在实践中熟练运用。

第四，学生还需要具备市场营销、商务谈判、国际商务法律等方面的知识，能够在商业活动中运用相关理论和法律法规。这需要学生具备市场分析、营销策划、谈判技巧以及法律意识等方面的能力，以便能够在商业活动中做出正确的决策并有效地应对各种挑战。

（二）商务英语专业的核心课程设置

1. 商务英语听说读写

（1）听力

学习通过听各种商务场景下的录音材料，提高理解能力，包括电话交流、会议讨论、演讲等，培养学生应对多样化商务环境的听力技能。

（2）口语

通过角色扮演、模拟商务场景等方式，锻炼学生的口语表达能力，使其能够流利、自信地进行商务交流，包括谈判、演讲、销售等。

（3）阅读

阅读商务文档、合同、报告等实际材料，提升学生的阅读理解能力，培养学生从文本中获取关键信息的能力。

（4）写作

训练学生撰写商务邮件、报告、商业计划等不同类型的商务文档，培养学生清晰、准确地表达思想的能力。

2. 商务沟通与谈判

（1）商务沟通技巧

学习有效的商务沟通技巧，包括非语言沟通、跨文化沟通等，培养学生建立良好的商务关系和解决问题的能力。

（2）谈判策略

了解不同类型的谈判策略，包括竞争性谈判、合作性谈判等，通过案例分析和模拟演练，培养学生在商务谈判中灵活运用策略的能力。

3. 国际贸易实务

（1）基本原理

介绍国际贸易的基本原理，包括贸易方式、国际支付、关务手续等，使学生了解国际贸易的基本概念和流程。

（2）操作流程

学习国际贸易操作的具体流程，包括合同签订、货物运输、报关报检等环节，培养学生熟练处理国际贸易事务的能力。

（3）实践技巧

通过案例分析和实地考察，掌握国际贸易实践中的技巧和经验，包括风险

管理、贸易术语解析等，提高学生的实际操作能力。

4. 市场营销

（1）市场营销理论

学习市场营销的基本理论，包括市场分析、消费者行为、产品定价等，使学生掌握市场营销的基本原理。

（2）实践技巧

通过市场调研、营销策划等实际项目，培养学生市场营销实践能力，包括市场定位、品牌推广等。

（3）数字营销

介绍数字营销的概念和技术，包括社交媒体营销、搜索引擎优化等，培养学生在数字化时代进行市场营销的能力。

5. 国际商务法律

（1）法律体系

介绍国际商务法律体系，包括国际商法、国际贸易法等，使学生了解国际商务法律的基本框架。

（2）法律风险管理

分析商务活动中可能遇到的法律风险，包括合同纠纷、知识产权保护等，培养学生预防和解决法律问题的能力。

（3）合规操作

学习国际商务活动中的合规要求，包括反垄断法、知识产权保护等，使学生能够在商务活动中合法合规操作。

（三）商务英语专业与其他相关学科的关系

1. 与英语语言文学的关系

（1）语言学理论的借鉴

商务英语专业借鉴了英语语言文学中的语言学理论，包括语音学、语法学、语义学等，通过对语言结构和功能的深入理解，帮助学生掌握商务英语的基本语言规则和运用技巧。例如，商务英语课程中可能会涉及语音学的内容，帮助学生正确发音，提高口语表达的准确性和流畅度。

（2）语言运用技巧的借鉴

商务英语专业也从英语语言文学中借鉴了丰富的语言运用技巧，包括修辞手法、篇章结构等，以提升学生的写作和口语表达能力。学生通过学习文学作品中的语言表达方式，可以更加生动地运用语言，使商务交流更具有感染力和说服力。

（3）提供应用场景

商务英语专业为英语语言文学提供了商务领域的应用场景和实践支持。通过商务案例分析、商务文档撰写等实践活动，学生能够将所学的语言知识和技能应用到实际的商务环境中，增强了学习的实践性和应用性，同时也丰富了英语语言文学的研究领域。

2. 与国际贸易的关系

（1）基本原理交叉

商务英语专业与国际贸易密切相关，学生不仅需要掌握商务英语的语言技能，还需要了解国际贸易的基本原理。例如，在商务英语课程中会介绍国际贸易的基本概念、贸易方式、国际支付等内容，为学生在国际商务环境中的交流提供理论支持。

（2）了解操作流程

学生在学习商务英语的同时也需要了解国际贸易的操作流程。商务英语专业设置国际贸易实务课程，通过案例分析和实地考察等教学形式，使学生了解国际贸易的实际操作过程，为将来从事国际贸易相关工作做好准备。

（3）适应国际商务环境

通过学习商务英语，学生能够更好地适应国际商务环境。商务英语专业不仅注重语言技能的培养，还强调跨文化沟通和商务礼仪等方面的培训，使学生具备在国际商务环境中交流合作的能力。

3. 与商业管理的关系

（1）学习管理知识

商务英语专业与商业管理学科有着紧密的联系，学生需要掌握商务管理的知识和技能。在商务英语课程中，会涉及商业管理的基本概念、组织管理、市场营销等内容，帮助学生全面了解商业运作的各个方面。

（2）胜任管理职责

商务英语专业旨在培养学生在国际商务领域的实践能力和管理能力。通过学习商务沟通与谈判、市场营销等课程，学生不仅能够熟练运用商务英语进行沟通，还能够制定有效的营销策略、解决商务问题，胜任各种管理职责。

（3）提升综合能力

商务英语专业培养学生的综合能力，既包括语言技能的提升，也包括商业管理能力的培养。学生在学习过程中通过项目管理、团队合作等活动，不断提升自身的组织协调能力和领导管理能力，为将来成为优秀的商务管理人才打下坚实基础。

第二节 当前高校商务英语专业发展现状与趋势

一、当前高校商务英语专业的规模与发展情况

（一）商务英语专业的设置情况

1. 商务英语专业的开设情况

在当前经济全球化和国际贸易蓬勃发展的背景下，商务英语专业逐渐受到高校的青睐。近年来，越来越多的高校纷纷开设商务英语专业，以培养适应现代商务环境需求的英语人才。这种趋势呈现出日益完善的态势，表现在课程设置、师资队伍建设以及教学资源配置等方面。在课程设置上，商务英语专业更加注重实用性和实践性，强调提升学生在商务领域的应用能力。同时，高校也加大了对商务英语师资队伍的培养和引进力度，以确保教学水平和教学质量。此外，为了满足学生对商务英语专业的需求，教学资源的配置也得到进一步加强，为学生提供更好的学习条件和资源支持。可以预见，随着商务英语专业的不断发展和完善，将为我国商务交流与合作输送更多高素质、适应市场需求的英语人才，促进其在国际商务中发挥更大的作用。

2. 专业涵盖面的扩大

随着社会经济的快速发展和行业的多元化趋势不断加剧，商务英语专业的涵盖范围也在不断扩大与深化。传统的商务英语课程注重学生听说读写技能的

培养，而如今，专业课程已经涵盖了更广泛的领域，包括商务沟通、国际贸易、市场营销、跨文化交际等内容。这种扩大涵盖面的趋势旨在培养学生具备更为全面的商务素养和综合能力，以适应不断变化的国际商务环境。通过增加这些新领域的课程设置，商务英语专业的教育目标也更为明确，旨在培养具有良好语言基础的学生，同时具备国际视野、跨文化沟通技巧和商务实践能力。这种全面拓展的课程设置有助于使学生更具竞争力，使其在未来的职业生涯中能够胜任各类商务工作，并为他们在国际商务领域取得成功奠定坚实的基础。在这一发展趋势下，商务英语专业将继续不断完善和调整课程设置，以更好地适应社会需求并创造更广阔的就业机会。

（二）学生就业情况与竞争压力

1. 就业形势总体较好

商务英语专业毕业生的就业形势在当前社会背景下整体来看较为乐观。随着经济的全球化和跨国公司数量的增加，对商务英语人才的需求持续上升。商务英语专业毕业生具备良好的英语语言能力和商务实践技能，这使他们在国际商务领域受到广泛欢迎。由于跨国贸易活动频繁，企业与海外市场展开合作的机会增多，商务英语专业毕业生因其具备的跨文化交际能力和商务谈判技巧而成为热门招聘对象。同时，在数字化时代，许多企业都面临着处理国际业务及与外国合作伙伴互动的挑战，这进一步拉动了对商务英语专业毕业生的就业需求。除此之外，可以看到政府、跨国公司、金融机构、国际贸易企业等领域对商务英语专业人才的需求持续稳定增长，为商务英语专业毕业生提供了广阔的就业市场。

尽管商务英语专业毕业生的就业形势总体较为乐观，但也要意识到行业内竞争激烈。为了在就业竞争中脱颖而出，学生需要不断提升自身的专业技能、拓宽国际视野、参与实习和项目实践，以增强自身实力。此外，密切关注行业发展趋势，了解国际商务的新变化和要求，也是应对就业市场挑战的重要策略之一。

2. 竞争压力逐渐增大

随着社会竞争的日益激烈和商务领域的快速变革，商务英语专业毕业生在就业市场上面临着逐渐增大的竞争压力。这种压力源于多方面因素的相互作用。

首先，随着商务英语专业的普及和热门化，每年涌入就业市场的商务英语毕业生数量持续增多，使得就业市场供需矛盾逐渐凸显。其次，各行各业对商务英语人才的要求也日益趋向专业化和多元化，要求毕业生不仅仅具备良好的语言能力，还需要具备丰富的实践经验、优秀的跨文化交际能力以及信息化应用技能。这使得毕业生需要面对更高的就业门槛和竞争压力，努力提升个人竞争力成为迫切的任务。

在当前形势下，商务英语专业的毕业生需要意识到，仅仅依靠基本的学习成绩和语言水平已经不能满足现代商务领域的需求，必须进一步拓展自己的知识边界，并注重培养实际操作技能和商业思维能力。参与实习、项目实践、国际交流等活动，积累丰富的实践经验，将是提升竞争力的关键途径。同时，持续学习和终身教育也至关重要，它能帮助毕业生跟上行业发展的步伐，适应变化多端的商务环境。在竞争压力逐渐增大的情况下，商务英语专业毕业生需要不断努力，保持学习热情，提升综合素质，才能在激烈的就业竞争中脱颖而出，实现个人职业发展和成功。

二、商务英语专业发展的趋势分析与展望

（一）人才培养模式的创新与实践

1. 强化实践能力

随着商务环境的不断变化，商务英语专业越来越注重学生的实践能力培养。传统的课堂教学已经不能满足学生的需求，因此，商务英语专业开始采取更加灵活多样的教学方式，如实践项目、模拟商务会议、商务案例分析等，让学生在实践中感受真实商务环境，提高解决问题的能力和应对挑战的能力。

2. 强化跨文化交际能力

随着全球化进程的加速，商务英语专业更加注重学生的跨文化交际能力培养。商务交流不再局限于国内范围，学生需要具备跨文化交际的能力，才能在国际商务领域中获得成功。因此，商务英语专业开始注重培养学生的跨文化意识、跨文化沟通能力和跨文化适应能力，使其能够在不同文化背景下有效地进行商务交流和合作。

（二）跨学科合作与国际交流

1. 跨学科合作

为了更好地适应全球化的趋势，商务英语专业与其他相关学科的交叉融合日益密切。例如，与国际贸易、金融、市场营销等专业进行合作，共同培养具有全面素养和综合能力的商务人才。通过跨学科合作，可以为学生提供更加丰富和多样化的学习资源，培养其在多领域中的综合能力。

2. 国际交流与合作

商务英语专业加强国际交流与合作，是适应全球化趋势的重要举措。通过与国外高校开展学生交流项目、教师互访、学术合作等形式，为学生提供与国际同行交流学习的机会，拓展其国际视野和学术圈层。同时，积极参与国际学术会议、国际商务竞赛等活动，提高学生的国际竞争力和学术水平。

第三节　商务英语人才培养的现状与反思

一、商务英语人才培养模式的分析

（一）传统商务英语人才培养模式的特点

传统商务英语人才培养模式在以往的教学实践中展现出明显特点。其主要聚焦于学生对英语语言知识和职场基本技能的学习与掌握，涵盖商务英语写作、口语表达以及听力理解等关键方面。通过注重这些基础技能的培养，传统模式旨在提高学生的英语基础能力，使其具备应对商务场景中日常沟通和交流所需的技能和素养。在传统商务英语人才培养模式中，学生通常会接受系统化的英语课程安排，包括语法学习、商务词汇积累、商务书信写作规范等方面的训练。这种模式的优势在于帮助学生建立扎实的英语基础，为其未来从事商务工作打下坚实的语言基础。此外，传统模式也着重培养学生的职场素养和工作技能，如商务礼仪、商务谈判技巧等，以提升其在实际工作中的适应能力和竞争力。因此，传统商务英语人才培养模式在强调英语基础知识和职场技能培养方面具有一定有效性，为学生奠定了扎实的基础，以适应商务领域的工作需求和挑战。

（二）新型商务英语人才培养模式的探索与实践

1. 产学合作

针对传统商务英语人才培养模式存在的不足，新型商务英语人才培养模式开始探索产学合作的方式。在这种模式下，高校与企业紧密合作，为学生提供更多实践机会。通过与真实商务环境结合，学生可以参与实习项目或者与企业合作开展项目，从而接触到真实的商业操作场景，提升他们的商务实践能力和解决问题的能力。这种形式的合作不仅丰富了学生的实践经验，还使他们能够更好地理解商务实际运作，并能够应用所学知识解决实际问题。

产学合作模式也促进了学生与企业之间的交流与互动，有利于学生成为适应商业环境的"人才"。通过与企业接轨，学生能够更深入地了解行业需求，掌握行业动态，提前适应未来职业发展所需的能力。此外，由于产学合作模式注重实践性，使学生能够在实践中不断积累经验、改善能力，为日后的职业发展奠定坚实基础。

2. 实践导向教学

新型商务英语人才培养模式倡导实践导向教学，强调通过实践来提高学生的商务实战能力。在实践导向教学中，教师将注重教学内容的贴近实际商务情境，引导学生在实际操作中学习和提高。例如，通过案例分析、商务谈判模拟等方式，让学生在模拟情境中实践，锻炼其在商务领域的实战技能。

实践导向教学强调学生的参与性和实践性，通过让学生自身亲身经历商务场景，提升其在商务领域的应变能力和解决问题的能力。在这种模式下，学生不断接触实际商务案例，进行商务沟通与交流练习，培养跨文化交际技巧，使其具备较强的实际操作能力。

传统模式强调理论学习为主，而实践导向教学则更加重视学生的实际操作技能培养。通过实践导向的教学方法，学生能够更直观地了解商务工作的复杂性和挑战，增强实际操作能力，为未来的职业发展做好准备。因此，实践导向教学在培养学生的实践技能、解决问题能力方面起着重要作用。

3. 跨学科融合

新型商务英语人才培养模式倡导跨学科融合，将商务英语教学与经济、管理、文化等学科相结合。通过跨学科融合，学生在学习商务英语的同时，能够了解更多相关领域知识，拓宽视野，提升综合素质和竞争力。这种模式不仅帮助学生建立全面的知识结构，还培养了其跨学科思维和应用能力。

跨学科融合模式强调学科之间的有机联系和交叉应用。通过学习经济学、管理学、国际贸易等相关学科知识，学生能够更全面地了解商务背景和运行规律，从而更好地适应未来商务工作的各种挑战。

二、存在的问题与挑战

（一）教学资源与师资队伍的短缺

一些地区和院校存在商务英语教学资源不足的问题。缺乏更新、更丰富的教学资源，导致教学内容陈旧，无法满足当前商务英语人才培养的需求。学生在接受传统教学模式的同时，难以获取最新的商务资讯和市场动态，影响其实践能力的提升。

师资队伍结构不合理也是教学资源短缺的重要原因之一。部分院校缺乏具有丰富实践经验和行业背景的商务英语教师，导致教学过程中实践性不足。缺乏行业对口背景的教师可能限制了学生在实践操作和案例分析方面的深入学习，制约了教学质量的提升。

教学资源短缺和师资队伍结构不完善对于商务英语人才的培养造成不利影响。解决这一问题需要学校和相关部门加大对商务英语教学资源的投入，加强师资队伍建设，提升教学水平和质量，以更好地适应现代商务领域的需求。

（二）人才培养模式的单一性与创新不足

传统的商务英语人才培养模式存在创新不足的问题。过度依赖传统的教学方式和内容，无法及时跟进商务领域的发展变化，导致培养出的人才缺乏足够的适应能力和综合素质。缺乏创新的人才培养模式可能使学生毕业后面对复杂多变的商务环境时显得力不从心。

单一性的人才培养模式也限制了学生的发展空间。商务英语人才培养需要更注重个性化培养和职业规划，激发学生的创新意识和实践能力。仅有传统的课堂教学和书本知识无法满足当今商务领域对人才的多元化需求。

面对人才培养模式单一性和创新不足的挑战，学校和教育机构需要积极探索新的教学方法和内容，引导学生开展创新实践和项目合作，在实践中不断提升学生的综合能力和创新精神，以推动商务英语人才培养模式向更为多元化和创新的方向发展。

（三）跨文化交际能力的培养不足

随着全球经济一体化进程的加速，商务领域对于跨文化交际能力的需求日益凸显。然而，现有的商务英语人才培养模式在跨文化交际能力方面存在一定不足。学生在培养过程中缺乏真实的国际交流机会和跨文化体验，难以有效提升自身的跨文化交际技巧。

跨文化交际能力是商务英语人才综合素质中的重要组成部分，影响着其在国际商务领域的竞争力和发展空间。缺乏对跨文化交际能力的充分重视与培养，可能阻碍学生在跨国商务活动中的沟通和合作效果，限制其在国际商务舞台上的表现和发展。

第二章 复合型人才培养理念探析

第一节 复合型人才的相关概念

一、复合型人才的概念界定

复合型人才是当今社会所需的一种新型人才，其概念界定涵盖两个关键方面。首先，复合型人才具备两个或两个以上专业或学科的基本知识和基本能力。这意味着他们不仅在一个领域拥有深入的专业知识和技能，还能够跨越学科之间的界限，具备多方面的学科素养和能力。这种多学科的知识和能力集合为他们在解决问题、开展研究和应对挑战时提供了更广泛的视野和更多样化的思维方式。其次，复合型人才跨越不同领域的界限，融合多个学科领域的知识和能力。这意味着他们不仅仅是局限于某一个领域，而是能够将不同学科的理念、方法和技能相互融合，形成新的思维模式和解决方案。复合型人才的培养目标是为了适应当今社会复杂多变的需求，打破传统学科或专业之间的界限，培养具有跨学科综合能力的人才。这样的人才具备更广阔的视野和更强大的综合能力，能够更好地应对未来社会和职业发展的挑战。

传统的单一学科培养模式已经不能满足社会的需求，而复合型人才的培养则能够弥补这一不足。复合型人才的培养旨在为学生提供跨学科、综合性的教育，使他们能够在不同领域具备一定的知识和技能，能够跨越学科边界，解决实际问题。这样的人才不仅拥有丰富的专业知识和技能，还能够灵活运用多学科的思维方式和方法解决问题，具备更高的创新和竞争力。因此，复合型人才的培养不仅是一种趋势，更是当今社会教育体系转型的重要方向，为构建具有创新能力和国际竞争力的人才队伍提供了重要支撑。

二、复合型人才的特征

（一）复合型人才的知识特征

1.知识的广度与深度

复合型人才在现代社会中具有重要意义，他们所具备的丰富知识储备使其能够在多个领域中发挥作用。这些人才不仅在某一领域拥有深入的专业知识，还能够跨越多个学科领域，拓展自己的知识面，并形成广度与深度兼备的知识结构。

首先，复合型人才具备深入的专业专长。他们在某一特定领域投入了大量的时间和精力进行深入研究，并获得了丰富的专业知识。这种专业专长使他们在相应领域内具备独特的洞察力和创造力，能够解析复杂问题，并提出有效的解决方案。例如，在工程学领域，复合型工程师专攻结构设计，掌握先进的计算方法和工程软件，能够为工程项目提供精确的设计和优化方案。

其次，复合型人才具备广泛的知识视野。他们通过学习和实践，掌握了多个领域的基本理论和实践知识。这种广泛的知识储备使他们能够将不同领域的思维和概念进行交叉融合，从而产生全新的创新思维和解决问题的能力。例如，一个同时掌握工程学和商业管理知识的人才，在项目管理中既能够深入理解工程技术，又能够有效管理项目成本和风险。他们能够将技术需求与商业目标相结合，制定全面的项目计划和策略，最大限度地满足客户需求并实现商业利益。

最后，复合型人才具备较强的综合分析和判断能力。他们能够将不同领域的知识进行整合，综合考虑问题的各个方面，并做出准确的分析和判断。这种能力使他们能够更全面地理解和解决问题，做出科学的决策。例如，在企业战略制定中，复合型人才可以综合市场情况、财务状况、竞争态势等多个因素，分析企业目标和资源情况，并制定合理的发展战略。他们能够从多个角度出发，综合考虑各种因素的影响，并做出符合实际情况的决策。

2.学科交叉的能力

复合型人才的一项重要能力是学科交叉能力，其能够在不同学科领域之间进行思维转换和知识运用。这种能力使得他们能够将不同学科的知识和方法相互融合，产生新的理念和解决方案，为解决复杂问题提供更多元化的思路和解决方案。

学科交叉能力使复合型人才能够超越传统学科的界限，将不同领域的知识和概念进行结合和整合。通过将不同学科之间的理论和方法相互关联，他们能够推动问题的综合分析和创新思考。例如，在环境保护领域，一个具备化学和生态学知识的复合型人才可以将化学反应和生态系统相结合，研究和优化环境治理方案，既考虑到环境中存在的化学污染物影响，又了解到各种生态系统的功能和敏感性。这种跨学科的能力使这类人才能够制定出更全面、可行且可持续的环境管理策略。

学科交叉能力还使复合型人才能够从不同学科的视角审视问题，提供多维度的分析和解决方案。他们能够借鉴不同学科的思维模式和工具，并将其应用于特定领域的问题解决中。例如，在城市规划领域，一个同时具备建筑设计和社会科学知识的复合型人才可以结合人类行为和城市空间布局的关系，提出具有人本主义思想的城市设计方案。这种融合了不同学科的思维方式和方法的设计方案更加符合人们的需求和社会发展的要求。

学科交叉能力还能够促进知识的创新和跨领域的合作。通过在不同学科领域之间的沟通和合作，复合型人才能够促使不同学科的专家和研究者进行跨领域的合作与创新，推动学术和技术的进步。例如，生物医学工程领域需要与生命科学、工程学和医学等学科进行紧密合作，从而发展新的医疗设备和治疗方法，为改善人们的健康状况作出贡献。

3. 创新思维与实践能力

复合型人才所具备的较强创新思维和实践能力是他们在现代社会中取得成功的重要因素。这种能力赋予他们突破传统学科界限的勇气，推动他们跨越学科领域进行尝试和探索，从而产生出创新性的思想和实践成果。复合型人才不仅具备开拓精神，还能够将创新思维转化为实际行动，解决现实生活中的问题，并在科研、创业和实践领域取得卓越成就。

首先，复合型人才所具备的创新思维能力使他们能够审视问题的多个层面，并从不同角度思考和分析。他们能够以全新的视野看待问题，挖掘问题的内在联系和潜在解决方案。通过跳出传统学科框架，他们能够在多个领域寻找灵感和启示，促使创新性的想法涌现。例如，一个结合地质学和环境管理知识的复合型人才，可能会提出利用地质资源循环利用的可持续发展方案，从而在资源利用和环境保护领域带来新的思维和方法。

其次，复合型人才所具备的实践能力使他们能够将创新思维转化为实际行动，并付诸实际项目中。他们勇于实践，善于发现并解决现实生活中的问题，通过实际操作验证和落实他们的创新想法。这种实践能力将创新思维与实际行动有机结合，推动创新成果的落地和应用。例如，一个同时拥有信息技术和市场营销知识的复合型人才，可以通过创新的数字营销策略，结合大数据分析与市场需求预测，为企业的营销活动注入新的活力。

　　最后，复合型人才的创新思维和实践能力使他们在科研、创业和实践领域都能够取得突出的成就。他们能够利用跨学科的优势，针对复杂问题提供更有创造性和综合性的解决方案，同时通过实际行动将这些解决方案变为现实。这种能力使他们在各个领域展现出非凡的才华和影响力，成为引领行业和学术发展的领军人物。因此，培养复合型人才的创新思维和实践能力对于推动社会发展和解决全球性问题具有重要意义，高等教育应当重视并加强对这方面能力的培养和引导。

（二）复合型人才的能力特征

1. 综合能力的培养

　　复合型人才的综合能力培养是十分重要的，其包括综合分析、综合决策和综合协调等多方面的能力。这些人才具备将不同学科领域的知识和技能有机结合起来，形成综合性解决方案的能力。这种综合能力使他们在团队合作和项目管理等方面表现出色，能够更全面、深入地认识问题，并有效解决复杂的挑战。例如，一个具备工程技术和市场营销知识的复合型人才，在产品开发中不仅考虑产品的技术需求和设计标准，还能够结合市场需求和竞争环境，制定出综合的市场推广策略，实现技术与市场的有机结合，从而确保产品成功地满足市场需求并取得商业成功。

　　综合能力的培养在当今社会中具有广泛的应用。首先，综合分析能力使复合型人才能够从多个视角对问题进行深入研究和全面分析。他们能够将来自不同领域的信息进行整合和对比，提炼出问题的本质并找到最佳解决路径。这种能力使他们能够在复杂多变的环境中快速作出准确判断，为团队和组织提供宝贵的参考意见。其次，综合决策能力是复合型人才在团队合作和领导管理中至关重要的素质。他们能够在不确定性和压力下做出明智的决策，统筹考虑各方

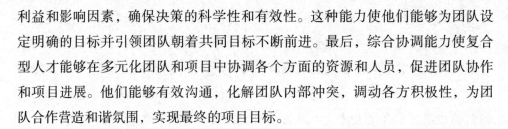

利益和影响因素，确保决策的科学性和有效性。这种能力使他们能够为团队设定明确的目标并引领团队朝着共同目标不断前进。最后，综合协调能力使复合型人才能够在多元化团队和项目中协调各个方面的资源和人员，促进团队协作和项目进展。他们能够有效沟通，化解团队内部冲突，调动各方积极性，为团队合作营造和谐氛围，实现最终的项目目标。

2. 创新性思维的发展

复合型人才的创新性思维发展是当前社会对人才培养的重要需求之一。他们具备从多个学科角度出发的能力，能够辨识和捕捉问题中的新颖因素，提出独特的理念和解决方案。创新思维的发展使得复合型人才能够突破传统观念的限制，敢于挑战学科界限，通过跨学科的探索，发现与解决问题的新途径。这种思维方式赋予他们在科研、技术创新和产业发展等方面的竞争优势。

首先，创新性思维的发展使复合型人才能够超越传统学科边界，将不同学科的知识与思想相结合，形成独特的视角和思考方式。他们能够在面临问题时，运用多个学科的理论和方法，进行横向思维和综合分析。通过跳脱传统的学科框架，他们能够寻找新的问题解决路径，并提出具有创新性的理念和解决方案。例如，一个同时具备材料工程和生物学知识的复合型人才，可以结合两者的特点，开发新材料应用于生物医学领域，推动医疗器械和治疗方法的创新。

其次，创新思维的发展让复合型人才更加勇于探索未知领域，提出新的问题和挑战。他们不满足于现状，勇于突破科学和技术的边界，寻找未被发现或解决的问题。这种探索精神推动着他们积极寻求新的知识和经验，从而不断推动技术进步和社会发展。例如，一个具备计算机科学和心理学知识的复合型人才，可以探索虚拟现实技术在心理疾病治疗中的应用，为心理学和医学领域带来新的研究和应用理念。

最后，创新思维的发展使复合型人才能够在科研、技术创新和产业发展中享有竞争优势。他们能够以独特的视角和思考方式，在科研项目中提出前瞻性的问题和创新性的假设，从而为学术界带来新的思路和突破性的发现。在技术创新和产业发展方面，复合型人才能够将不同学科的知识和技术有机结合起来，实现技术与市场的有机融合，推动创新产品和服务的开发和应用。

3.跨文化沟通与合作能力

复合型人才所具备的跨文化沟通与合作能力是当代社会中不可或缺的重要素养之一。他们拥有在不同文化背景下进行有效交流和合作的能力，理解并尊重不同文化的特点和习俗，展现出跨文化适应能力和高超的交际技巧。这种能力使得他们能够在国际交流、跨国企业和跨国合作等多领域中发挥关键作用，在全球化背景下更具竞争优势。举例而言，在国际商务领域，一个具备丰富跨文化背景和多语言能力的人才能够帮助不同文化间的顺利沟通和协调，推动跨国企业的发展与成功合作。

首先，跨文化沟通与合作能力的培养使复合型人才能够理解、尊重并适应不同文化间的差异性。他们具备开放心态和包容精神，能够积极倾听、学习和理解不同文化所包含的价值观念和信仰，避免因文化冲突而产生的误解和分歧。通过对不同文化的深入了解，他们建立起互相尊重和信任的基础，为跨文化合作和沟通打下坚实基础。这种文化敏感性和适应能力使他们能够成为文化交流和合作的桥梁，促进跨文化团队的有效协作和共同发展。

其次，跨文化沟通与合作能力的发展让复合型人才在国际化环境中表现出色，并具备应对挑战的能力。他们熟练掌握跨文化交流所需的语言技能和非语言沟通技巧，能够在多元文化团队中有效沟通和协调。同时，他们能够正确理解不同文化之间的隐含规则和社交礼仪，避免造成误解或冲突。这种能力使他们能够与来自不同文化背景的人员建立起良好的工作关系，实现跨文化合作的有益成果。

最后，跨文化沟通与合作能力使复合型人才在全球化背景下具备竞争优势，为个人和组织创造更多机遇和价值。他们能够有效地运用跨文化沟通技能解决跨国企业面临的困难和挑战，推动国际合作的深入发展。通过吸收各种文化的智慧和经验，复合型人才能够在全球竞争中脱颖而出，实现自身发展与事业成功。

第二节　时代呼唤复合型人才

一、经济全球化背景下复合型人才的需求

（一）全球化经济格局下的复合型人才需求

经济全球化的不断深入使得世界各国之间的经济联系愈发紧密，形成了一个高度互联的全球经济格局。跨国企业的兴起和国际贸易的增加使得企业需要面对来自不同国家和地区的合作伙伴，这就对人才的要求提出了更高的挑战。

1. 复合型人才的跨文化交流能力

在当今全球化的背景下，复合型人才的跨文化交流能力变得尤为重要。这种能力不仅仅是指他们需要精通多国语言，更重要的是要能够理解和尊重不同文化之间的差异，以确保在国际环境中进行高效沟通和合作。随着国际贸易和跨国合作的不断增加，跨文化交流已经成为企业和组织中不可或缺的一项核心能力。

复合型人才需要具备的跨文化交流能力不仅包括语言沟通，还包括对不同文化背景的敏感性和理解力。他们应该能够适应不同文化的沟通风格、价值观念、商业习惯以及社会礼仪，从而建立起相互尊重和合作的良好关系。这种能力不仅可以帮助他们在国际市场中更好地理解客户需求和市场趋势，还可以有效地应对文化冲突和沟通障碍，降低因文化差异而导致的误解和矛盾，从而确保商务活动的顺利进行。

除了对文化差异的理解和尊重，复合型人才还需要具备跨文化团队合作和领导能力。在国际化的团队中，成员可能来自不同国家、不同文化背景，拥有不同的工作习惯和沟通方式。复合型人才应该能够有效地管理跨文化团队，促进团队之间的协作和合作，充分发挥每个成员的优势，实现团队目标和项目任务。

2. 多领域知识与技能的综合运用

在应对全球化经济所带来的挑战和机遇时，复合型人才的多领域知识与技能的综合运用能力显得至关重要。这种能力要求他们不仅在自己的专业领域拥

有丰富的专业知识和技能，还需要具备其他领域的基础知识，并能够将这些知识有机地结合起来，为企业的全球化经营提供支持和保障。

首先，复合型人才需要具备多领域的基础知识。除了在自己的专业领域有所专长外，他们还应该了解相关领域的基本概念、原理和方法，拓展自己的知识面。这种广泛的基础知识可以帮助他们更好地理解和把握不同领域的动态变化，为跨领域合作和创新提供基础支撑。

其次，复合型人才需要具备多领域知识的整合能力。他们应该能够将来自不同领域的知识有机地结合起来，形成新的理念、方法或解决方案。例如，在市场营销领域，他们需要不仅了解市场分析和营销策略，还需要了解产品设计和技术开发等相关知识，以便更好地制定市场推广计划和产品定位策略。

最后，复合型人才还需要具备多领域技能的综合运用能力。他们应该能够灵活运用不同领域的技能，解决复杂多变的问题。例如，在国际贸易领域，除了具备贸易法律和国际商务知识外，他们还需要具备跨文化沟通和谈判技巧，以确保在国际市场中取得成功。

（二）多元化商业需求对复合型人才的影响

1. 市场环境的复杂性与企业需求的多样性

随着全球经济的多元化和商业模式的不断创新，企业面临着越来越复杂的市场环境和多样化的商业需求。在过去，企业可能更多地专注于单一产品或服务的生产和销售，而现在，随着市场的竞争日益激烈和消费者需求的不断变化，企业必须更加灵活地应对各种不确定性和挑战。

首先，市场环境的复杂性主要体现在市场竞争的加剧和消费者需求的多样化上。随着全球化进程的加速和信息技术的普及，企业面临着来自全球各地的竞争对手，市场竞争日益激烈。同时，消费者的需求也变得越来越多样化和个性化，他们对产品和服务的质量、性能、价格、服务等方面提出了更高的要求，这使得企业必须不断创新和改进，以满足市场的需求。

其次，企业需求的多样性主要表现在人才队伍的构建和管理上。过去，企业可能更倾向于招聘单一专业的人才，以满足特定岗位的需求。然而，随着市场环境的变化和商业模式的创新，企业对人才的需求也发生了变化。他们需要具备跨领域知识和技能的复合型人才，这些人才能够更好地适应市场的变化和需求的多样性，为企业的发展提供更全面的支持和保障。例如，企业可能需要既懂技术又懂市场营销的人才，或者既擅长数据分析又具备创新能力的人才，以应对复杂多变的市场环境和竞争态势。

2. 创新性解决方案的需求与人才选拔的新标准

面对激烈的市场竞争，企业日益重视创新性解决方案的提出与实施。在这个时代，靠惯常的方法和传统的思维方式已经无法应对日益复杂多变的商业环境和消费者需求。因此，企业需要寻找能够突破常规、勇于探索新领域的人才，以应对挑战并抓住机遇。

复合型人才因其跨领域的知识和技能，成为企业追逐的焦点。这类人才具备更广阔的视野和更富有创意的头脑，能够将不同领域的经验和见解结合起来，为企业带来全新的思路和解决方案。他们的能力不仅体现在具体的业务操作上，更体现在战略规划、市场营销、产品创新等方面。通过跨领域的思维和创新性的方法，复合型人才能够提出更具前瞻性和实用性的解决方案，为企业赢得竞争优势。

随着复合型人才的需求日益增加，人才选拔也迎来了新的标准。传统上，企业可能更加注重候选人在某一领域的专业知识和技能，但现在，企业更看重候选人是否具备跨学科的能力和创新的潜力。除了具备专业知识外，候选人的学习能力、思维广度、创造力和团队合作能力等方面也成为评价的重点。企业倾向于挑选那些具有广泛知识背景、灵活应变、勇于尝试新事物的候选人，因为这些人能够更好地适应未来的变化和挑战，为企业带来更大的价值和竞争力。

（三）创新驱动发展对复合型人才的要求

1. 跨学科知识与思维的整合

在当今创新驱动的发展环境下，复合型人才的跨学科知识和思维整合能力显得尤为重要。这种能力不仅涉及多个学科领域的知识广度，更关键的是在于能够将这些知识融合运用，产生新的思考方式和创新性解决方案。跨学科知识的整合首先体现在对多领域知识的积累和理解。复合型人才具备丰富的学科知识，在不同领域都有一定的造诣，这使得他们能够在解决问题时从多个角度进行思考，拥有更为全面的视野。其次，跨学科思维的整合能力表现在将不同领域的知识进行联系和融合。这种能力要求他们不仅仅能够理解各学科的知识，更需要能够将这些知识进行整合，发现它们之间的联系和相互作用。通过将跨学科的知识进行整合，复合型人才能够形成全新的思维模式，提出更为创新和前瞻的解决方案。最后，跨学科知识与思维的整合能力还需要在实际问题解决中得以应用和验证。这就需要复合型人才能够将自己的跨学科知识和思维应用到实际工作中，通过解决实际问题来验证其思维模式的有效性和可行性。通过不断地实践和总结，他们能够不断完善自己的跨学科整合能力，提高创新解决问题的能力和水平。综上所述，跨学科知识与思维的整合能力是当今复合型人才必备的重要素质。只有具备这种能力的人才，才能够在日益复杂和多变的社会环境中脱颖而出，为创新和发展注入新的活力和动力。

2. 创造性思维与实践能力的培养

创造性思维与实践能力的培养是培养复合型人才的重要任务之一。在当今快速发展和不断变革的时代背景下，创新已成为推动社会进步和经济增长的关键动力。而创新所需的创造性思维和实践能力，则成为衡量人才质量和竞争力的重要标准之一。复合型人才在这一方面具有显著的优势。首先，他们拥有跨学科的知识储备，能够跨越不同领域的界限，汲取各种知识和经验。这种跨学科的知识积累为他们提供了更为广阔的思维空间和创新源泉。其次，复合型人才具备超越传统思维定式的能力。他们不受传统学科边界的限制，敢于挑战既有的观念和模式，勇于尝试和探索新的领域和方向。这种开放性和创新性的思维方式为他们带来了更多的可能性和机遇。最重要的是，复合型人才注重实践能力的培养和运用。他们不仅在理论层面具备丰富的知识，更注重将知识转化为实际行动和成果。通过实践，他们能够不断验证和完善自己的创新思维，提升解决实际问题的能力和水平。

二、科技进步对复合型人才的塑造

（一）科技进步对教育模式的影响

1. 数字化教学的兴起与个性化学习的发展

随着科技的进步，数字化教学平台的兴起正在迅速改变着传统的教学方式，对于教育领域带来了全新的发展机遇和挑战。一方面，数字化教学平台以其便捷、灵活的特点，使得学习不再受制于时间和空间的限制。学生们可以通过在线课程、远程教育等方式随时随地获取所需的知识，从而实现了学习的自由化和灵活化。这种灵活性不仅给学生提供了更为便利的学习途径，也为他们创造了更多的学习机会和选择空间。同时，数字化教学平台的兴起也为教育资源的共享和传播提供了更为广阔的平台，有助于解决教育资源分配不均的问题，促进教育公平和普及。

另一方面，数字化教学的发展也推动了个性化学习的实现。传统教学模式往往采取一刀切的方式，无法满足每个学生的个性化学习需求。而数字化教学平台通过采集和分析学生的学习数据，能够为每个学生量身定制符合其学习水平、学习兴趣和学习节奏的学习内容和学习路径。学生们可以根据自己的兴趣和学习需求选择课程内容和学习进度，从而更好地发挥自己的潜能，实现个性化的学习目标。个性化学习的实现不仅能够提高学生的学习积极性和学习效率，也有助于培养学生的自主学习能力和创新能力，从而更好地适应未来社会的发展和变化。

2. 开放式教育资源的增加与跨学科学习的机会

随着科技的迅速进步，开放式教育资源的增加正在成为当今教育领域的一项重要趋势。这些资源包括但不限于开放式在线课程（MOOCs）、数字图书馆、开放获取期刊等，为学生提供了更为广泛和便捷的学习途径。其中，开放式在线课程是其中的一种重要形式，通过互联网平台提供各类课程，涵盖了多个学科领域的知识和技能。学生们可以根据自己的兴趣和学习需求自由选择课程，不受时间和地点的限制，从而实现了学习的灵活性和个性化。

开放式教育资源的增加为学生提供了更加广泛的学习机会，尤其是跨学科学习的机会。学生们可以选择不同学科领域的课程，进行跨学科的学习和探索。通过学习不同学科的知识和方法，他们能够拓宽自己的知识面和视野，培养跨领域的学习能力和综合分析能力。跨学科学习有助于打破学科之间的界限，促进知识的交叉融合，培养学生的创新思维和解决问题的能力。例如，一个工程学专业的学生通过学习人文社科领域的课程，可以更好地理解技术与社会、技术与文化之间的关系，为自己的专业发展带来新的思考和启示。

除了跨学科学习的机会，开放式教育资源还为学生提供了与来自不同国家、不同背景的学习者进行交流和合作的平台。通过参与在线讨论、团队项目等活动，学生们可以结识到来自全球各地的学习伙伴，共同学习、交流思想，拓展自己的国际视野和跨文化交流能力。这种国际化的学习环境有助于培养学生的全球意识和国际竞争力，为他们的未来发展打下坚实的基础。

（二）科技进步对职业需求的影响

1. 传统职业的转型与多元化技能的要求

随着科技的进步，许多传统职业正在经历深刻的转型。这种转型不仅影响着工作内容和流程，还对从业者的技能需求提出了全新的挑战和要求。传统职业如生产制造、服务业、金融业等领域，都在不同程度上受到了科技的影响，要求从业者具备更多元化的技能，以适应新的工作环境和需求。

首先，技术技能的要求日益增加。随着科技的不断发展，许多传统职业都涌现出了新的工具、新的技术和新的工作流程。例如，在制造业中，智能化制造、机器人技术和数字化生产已经成为趋势，需要从业者掌握相关的数字化技能和工艺技能，以便更好地应对自动化生产线的操作和管理。在金融业，区块链技术、人工智能和大数据分析等新技术的应用也在改变着传统的金融服务模式，需要从业者具备相关的技术背景和应用能力，以提高工作效率和服务质量。

其次，沟通能力和团队合作能力的重要性日益凸显。在工作中，从业者不再是孤立地完成任务，而是需要与团队成员、客户和合作伙伴进行频繁的沟通和协作。特别是在跨部门、跨地区甚至跨国界的合作项目中，良好的沟通和团队合作能力成为成功的关键。因此，从业者需要具备良好的口头和书面表达能力，善于倾听和理解他人，能够有效地与不同背景和文化的人合作，达成共识并解决问题。

最后，创新能力和问题解决能力也成了传统职业转型中的重要因素。随着市场竞争的加剧和消费者需求的不断变化，从业者需要具备敏锐的市场洞察力和创新思维，能够及时调整工作策略和业务模式，以适应市场的变化。同时，面对复杂多变的工作环境和挑战，从业者需要具备解决问题的能力，能够分析问题、制定解决方案，并将其付诸实践，不断优化和改进工作流程和效率。

2. 新兴行业的崛起与跨学科知识的需求

随着科技的不断发展，新兴行业和新型职业如人工智能、大数据分析、区块链等逐渐崛起，给商务英语人才的培养提出了新的挑战。

这些新兴行业往往跨越多个学科领域，需要人才具备跨学科的知识和技能。以人工智能为例，除了需要计算机科学方面的专业知识外，还需要了解相关行业的领域知识，如医疗、金融等，以便更好地应对复杂的技术和商业挑战。新兴行业的快速发展和不断创新要求商务英语人才具备多学科的综合素质，能够有效地整合不同领域的知识和技能，并在跨学科团队中进行合作和沟通。

在这种背景下，商务英语人才培养需要与相关学科进行紧密结合，强调跨学科的知识和技能培养。学生需要广泛涉猎多个学科领域，了解各个领域的基本概念和原理，从而能够更加全面地理解新兴行业的发展趋势和商业模式。在教学过程中，可以通过开设相关学科的课程、组织跨学科项目等方式，促进学生的跨学科学习和实践经验。此外，还应加强对跨学科能力的培养评估，鼓励学生在学术和实践中进行创新和交叉融合，培养他们的综合素质和跨学科能力。

3.技术更新换代与持续学习的重要性

当谈及科技的进步速度与技术的更新换代时，我们不得不意识到持续学习的重要性。随着科技的飞速发展和应用，技术更新的速度也在不断加快，这给从业者带来了更大的挑战和机遇。以今日热门的人工智能、云计算、物联网为例，这些前沿技术都在不断进行突破和创新，要求从业者具备持续学习和自我更新的能力。持续学习不仅是适应新技术变革的必要手段，更是提升个人专业水平、保持竞争力的关键。只有不断学习、不断尝试新知识、新技术，才能在激烈的竞争中脱颖而出，获得更广阔的职业发展机会。

在当今社会，复合型人才的需求日益凸显。这类人才不仅具备在某一领域的专业技能，更重要的是他们具备跨学科的知识结构和思维方式。面对技术的不断变革和行业的快速发展，复合型人才能够更好地适应新技术的变化，不断学习并掌握新知识，从而保持自身的竞争力。他们具备跨界合作的能力，能够将不同领域的知识有机结合，为创新与发展提供更多可能性。

第三节 商务英语专业复合型人才培养的核心理念

一、商务英语专业复合型人才培养的基本原则

（一）综合素质与专业知识相结合

1. 语言能力的培养

商务英语专业的复合型人才在语言能力方面应具备优秀的表达能力，包括英语听、说、读、写四项基本技能。为了提高语言能力，学生需要通过大量的语言实践和交流活动来不断提升自身英语水平。通过与老师和同学的讨论互动、参与英语角或商务英语俱乐部活动以及模拟商务场景的练习等方式，学生可以提高自己的听力理解能力、口语表达能力、阅读理解能力和书面表达能力。此外，在商务英语课堂上，学生还应该注重商务英语专业知识与实际应用的结合，通过商务案例分析、商务讨论会等形式训练学生在商业环境中应用英语进行沟通和交际的能力。在商务英语专业的课程设置中，应当加强口语训练、商务英语阅读和写作教学，以培养学生在商务领域中运用英语进行交流和沟通的能力。通过系统的语言训练和实践活动，学生将能够更加自信和流利地运用英语进行商务交流，为未来的职业发展打下坚实的语言基础。因此，语言能力的培养不仅是商务英语专业学生的基本要求，也是他们成为复合型人才并在商业领域取得成功的关键因素之一。

2. 跨文化交际能力的培养

跨文化交际能力在商务英语专业的复合型人才培养中具有重要意义。复合型人才需要具备适应不同文化背景和价值观的能力，以便在跨国和跨文化的商务环境中有效地进行沟通、谈判和合作。为了培养这一能力，学生需要具备开放的思维，尊重和理解不同文化之间的差异。通过学习跨文化交际理论和实践，了解各种文化的商务礼仪、沟通方式、价值观念等内容，学生可以更好地适应和接纳不同文化下的商务行为规范。同时，学生还应具备良好的观察力和谈判技巧，能够灵活应对文化冲突和差异，积极寻求共同点并处理分歧，促进跨文化商务合作的顺利开展。

跨文化交际能力的培养还需要通过实践活动来加强。学生可以参与国际交流项目、跨文化沟通训练、模拟谈判等活动，积极体验和应用所学的跨文化交际理论知识。在这些活动中，学生将面临真实的跨文化挑战，需要在实践中不断调整自己的行为方式和沟通策略，提升自己的跨文化交际能力。同时，学校和企业可以合作开展跨文化交际项目，提供具体场景和案例，引导学生深入了解和体验不同文化之间的交流互动，促进学生在实践中应用跨文化交际能力。

3. 商业思维能力的培养

商务英语专业的复合型人才在商业思维能力方面需具备高度敏锐性和深刻洞察力。商业思维是指学生具有分析商业问题、提出解决方案并从商业角度思考的能力。学生需要掌握市场分析、竞争战略、营销推广等商业知识，以便在企业内部或与客户交流时能够为业务决策提供准确且有建设性的意见和支持。此外，学生还应具备跨学科的综合能力，能够将商务英语专业的知识与商业管理知识相结合，为企业发展提供多维度的思考和建议。

为培养学生的商业思维能力，学校可以设计相关课程和项目，让学生通过实际案例分析、商务模拟情境、行业调研等方式深入了解商业运作及市场机制。通过这些实践活动，学生将学会如何运用所学知识分析和解决实际商业难题，提升自己的商业洞察力和决策能力。同时，鼓励学生参与商业比赛、行业实习和商务项目，让他们在真实的商业环境中接触到各种挑战和机遇，锻炼其在实践中灵活应对问题、找出解决方案的能力。

除了课堂教学和实践项目外，导师指导和行业导师的辅导也可以帮助学生培养商业思维能力。导师可以与学生进行一对一的讨论和指导，引导学生积极思考商业问题的本质和解决之道，并分享自己的商业经验和智慧。行业导师则可以带领学生参与真实的商业项目，让学生深入了解商业运作的方方面面，提高学生的商业洞察力和实际操作能力。

（二）学科交叉与跨学科能力培养

1. 具备商务管理知识

商务英语专业的复合型人才在商务管理知识方面应当具备全面且深入的了解。这种知识涵盖了商业运作和管理的基本概念以及重要原则，其中包括市场营销、供应链管理、财务管理等方面的核心知识。学生需通过系统地学习相关

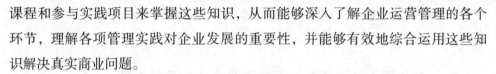

课程和参与实践项目来掌握这些知识，从而能够深入了解企业运营管理的各个环节，理解各项管理实践对企业发展的重要性，并能够有效地综合运用这些知识解决真实商业问题。

对于市场营销知识的学习，学生需要掌握市场分析、市场定位、品牌推广等基本概念，了解市场趋势和竞争格局，以便制定有效的营销策略和推广方案，满足消费者需求并提升产品竞争力。在供应链管理方面，学生应该了解物流运作、库存管理、采购策略等关键要素，从而优化供应链体系，提高企业效率和降低成本。此外，对财务管理的知识了解也至关重要，学生需要掌握资金管理、成本控制、财务报表分析等内容，以确保企业财务稳健和持续发展。

除了课堂学习，实践项目也是培养学生商务管理知识的重要途径。学生可以参与实习项目、商业案例分析、模拟经营等活动，将理论知识应用到实际情境中，锻炼解决问题和决策的能力。通过这些实践活动，学生将更好地理解商业操作的复杂性和挑战性，培养自己在实际工作中灵活应对各种管理情境的能力。

2. 掌握相关学科的基础知识

商务英语专业的复合型人才需要具备其他学科领域的基础知识，这包括但不限于经济学、国际贸易、金融学等相关学科。这些学科提供了理论框架和方法论，帮助学生更全面地理解商务运作中的底层逻辑和相互关系。对经济学的了解有助于学生理解市场机制、资源配置和价格形成规律；国际贸易知识能够使学生认识到国际市场格局、贸易政策和国际贸易协定的影响；而金融学知识则能帮助学生理解资金流动、投资决策和风险管理。

通过学习这些相关学科的基础知识，学生可以更好地把握商务活动中的关键因素，加深对商业环境的认识和理解。将这些学科与商务英语专业知识有机结合，不仅能够帮助学生应对国际化、全球化趋势下商务交流的复杂性，还可以拓宽学生的视野，提升其解决问题和决策的能力。举例来说，在国际贸易领域，学生需要了解贸易制度、关税与非关税壁垒、跨境物流等方面的知识，结合商务英语的沟通技巧，能更好地促进企业间的贸易合作和沟通。

此外，学生还需掌握研究方法论和信息技术等跨学科技能，以便在商务实践中采集、分析和利用信息，为商业决策提供有力支持。通过系统学习其他学科领域的基础知识，商务英语专业的学生将具备更全面的学科背景和知识结构，

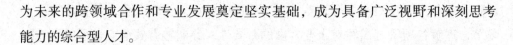

为未来的跨领域合作和专业发展奠定坚实基础，成为具备广泛视野和深刻思考能力的综合型人才。

二、复合型人才培养在商务英语专业中的具体实践

（一）课程设置上强调综合能力培养

1. 增加跨文化交际课程

为了加强学生的跨文化交际能力，商务英语专业可以引入专门的跨文化交际课程。这门课程的设立旨在帮助学生了解并应对不同文化背景下的商务交流挑战，培养他们的敏锐度、适应性和全球化视野。在这门课程中，学生将接触到包括但不限于商务礼仪、跨文化沟通技巧、跨文化管理知识等内容，以提升他们在跨国企业或国际商务环境中的综合竞争力和交际效果。

首先，跨文化交际课程将着重向学生传授不同文化下的商务礼仪。学生将学习各国家或地区的商务礼仪规范、用语习惯、商务活动惯例等，从而增进对异域文化的尊重和理解。通过学习各种文化的商务礼仪，学生可以更好地应对跨国交流中可能出现的误解和尴尬，建立和谐的商务关系。

其次，跨文化交际课程将注重培养学生的跨文化沟通技巧。学生将学习如何有效地与来自不同文化背景的人交流，包括倾听技巧、沟通方式、非语言交流等方面的技能。这样的培训将使学生能够更准确地理解对方意图、回应得当，有效避免因文化差异导致的交流障碍，提高沟通效果和工作效率。

最后，跨文化交际课程还将涵盖跨文化管理知识。学生将学习全球商务环境中的文化差异对管理决策的影响、多元文化团队协作的技巧、国际业务谈判策略等内容。这种知识将帮助学生更好地领导和管理来自不同文化背景的团队，促进合作、协调冲突，推动跨文化商务活动的顺利开展。

2. 引入跨学科合作课程

为了提升商务英语专业学生的综合能力和跨学科思维，引入跨学科合作课程是一种创新的教学方式。商务英语专业可以与经济学、市场营销、管理学等相关专业进行合作，开设涵盖多个学科领域知识的跨学科合作课程。这样的课程旨在让学生从不同学科的视角出发，全面分析和解决商务问题，培养其综合能力和跨学科思维。

通过跨学科合作课程，商务英语专业的学生将接触到商业、经济、管理等领域的知识，拓宽自己的学科视野。学生将从经济学的角度了解市场机制和供需规律，从市场营销学的角度学习品牌推广和消费者行为，从管理学的视角掌握团队管理和组织行为等内容。这些跨学科知识的融合将帮助学生更全面地理解商务运作中的多个方面，提升其问题解决能力和决策水平。

在跨学科合作课程中，学生还将有机会通过小组项目和案例分析等形式展开合作学习，共同探讨和解决实际商务挑战。这种合作学习模式不仅能够促进学生之间的交流和合作，还能够培养其团队合作和协作能力。同时，学生们也将学会尊重和倾听不同学科背景下的意见和观点，从而形成更全面、更多元化的思维方式。

3. 开展实践项目课程

开展实践项目课程是商务英语专业为培养学生综合实践能力而采取的一项重要举措。通过组织实践项目，如商务活动模拟、商务案例分析和实地考察等形式，学生将有机会亲身参与并实践商务运作，在真实的环境中应用所学知识解决具体商务问题，从而增强他们的实际操作能力和问题解决能力。

商务活动模拟是一种常见的实践项目形式，通过模拟真实商务场景，学生扮演不同角色，参与商务活动，理解商务流程和规则。这种模拟活动能够让学生在实践中学习商务技能，锻炼团队合作能力，培养沟通协调能力，提升实际操作能力和应变能力。

商务案例分析也是一种重要的实践项目形式。通过分析真实商务案例，学生可以运用所学理论知识和实践技能，深入了解商务战略、决策过程和问题解决方法。通过实践案例分析，学生可以培养自己的商业分析和判断能力，提升解决问题的能力和决策水平。

实地考察是另一种有效的实践项目形式。学校可以组织学生到企业、商业展会或相关机构进行实地考察，让学生近距离接触现实商务环境，了解行业发展趋势和实际运作情况。通过实地考察，学生可以将课堂知识与实际情况结合起来，加深对商务实践的理解和认识，拓宽自己的视野，积累实际经验。

（二）多元化的实践教学方法

1. 商务活动模拟

商务活动模拟作为一种有效的教学方法，在商务英语专业中扮演着重要角色。通过模拟商业场景和角色扮演，学生得以身临其境地体验实际商务活动的流程和挑战，从而在仿真的环境中锻炼自身的商业思维和决策能力。这种模拟教学方法旨在将学生置于真实商务情境中，让他们在虚拟的商业世界里面对各种商业难题、决策抉择，从而提高其商务技能和应变能力。

在商务活动模拟中，学生可以扮演不同的商业角色，如销售经理、市场营销专家、财务分析师等，模拟并参与真实的商务活动。通过这种角色扮演，学生需要思考解决问题的方法、制定商业策略以及与其他角色合作完成任务，从而培养他们的团队合作意识和创新能力。这种亲身体验不仅能够增进学生对商务运作流程的理解，还能够激发他们的商业潜力和发展空间。

商务活动模拟的另一个关键之处在于根据真实商务情境设置不同的角色和任务。通过设计具有挑战性和实际性的商业案例和情景，让学生在模拟中面对多样化的商业问题和情境，引导他们进行分析、决策和执行。这种个性化定制的模拟环境可以激发学生的思考和探索欲望，促使他们在模拟中充分运用所学的商务知识和技能，不断提升自身的商业智慧和逻辑思维能力。

2. 实地考察和访问

实地考察和访问作为一种重要的教学活动，在商务英语专业中扮演着关键的角色。组织学生参观实地企业、商业交易会或商务机构，能够让他们亲身了解真实的商业环境，深入体验商务运作的具体细节和挑战。通过这种实地考察和访问活动，学生能够将课堂所学的理论知识与实际实践相结合，拓宽视野、提升认知水平，从而更好地为未来的职业发展做好准备。

实地考察和访问活动为学生提供了一个接近实际商务操作和商业模式的机会。通过亲临现场观察和参与，学生可以直观感受企业的运营方式、管理机制以及市场竞争状况。他们能够目睹企业内部的流程和组织架构，了解不同部门的功能和协作方式，探寻企业成功的秘密和面临的挑战。这样的实地考察经历有助于学生培养实践意识、增强对商务运作的把握能力，并加深对商业领域的理解和认识。

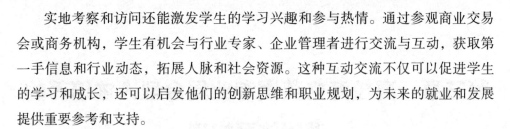

实地考察和访问还能激发学生的学习兴趣和参与热情。通过参观商业交易会或商务机构，学生有机会与行业专家、企业管理者进行交流与互动，获取第一手信息和行业动态，拓展人脉和社会资源。这种互动交流不仅可以促进学生的学习和成长，还可以启发他们的创新思维和职业规划，为未来的就业和发展提供重要参考和支持。

3. 就业实习

为了更好地培养商务英语专业学生的实践能力和提高就业竞争力，与企业的积极合作并提供就业实习机会是至关重要的。通过参与实习项目，学生可以接触真实的商务工作环境，将所学的商务知识和技能应用于实际操作中，提升自己的实践能力和职业素养。此外，实习还能帮助学生建立职业网络和积累行业经验，为毕业后的职业发展奠定坚实基础。

就业实习为学生提供了与真实商务环境接触的机会。通过实习项目，学生有机会参与到具体的商务工作中，了解和熟悉现代商业的运作方式、流程和规则。在实习过程中，学生将亲身体验商务工作的挑战和工作压力，学会与不同层级、背景的人员有效沟通和合作。这样的实践经历将帮助学生更好地掌握商务技能和应变能力，提升解决问题和处理复杂情况的能力。

实习还能帮助学生建立职业网络和积累行业经验。通过与企业的合作、与行业专业人士的接触，学生能够扩大自己的人脉资源，并且接触到行业内部的最新动态和发展趋势。这样的职业网络不仅可以为学生提供就业机会和职业发展的支持，还能让他们学会倾听和理解行业需求，从而更好地与行业保持接轨和迎接未来的挑战。

实习对学生的职业发展也具有重要意义。通过实习，学生可以将课堂上学到的知识与实际工作相结合，更好地理解和适应商业环境的要求。实习经验不仅是在简历上的加分项，更是学生申请岗位时的优势，使他们能够更具竞争力地进入职场。同时，实习还可以帮助学生了解自己的职业兴趣和发展方向，为以后更好地规划个人职业道路打下基础。

第三章　高校商务英语专业复合型人才培养的课程体系构建

第一节　商务英语专业课程体系构成要素

一、语言学基础与实践

（一）语言学概论

1.语言学的定义与研究对象

语言学是研究语言本质、结构和功能的学科，其研究对象包括语音、语法、词汇、语用等方面。学生在学习语言学概论时，需要了解语言的定义与分类，探讨语言习得和使用的规律，培养对语言现象的观察和分析能力。

2.语言学的基本理论

在语言学概论中，学生将接触到一些基本理论，如结构主义、生成语法理论、认知语言学等。通过学习这些理论，学生能够了解不同的研究范式和方法，为深入探讨语言现象的复杂性奠定基础。

3.语言学的研究方法

语言学研究通常采用实地调查、实验研究、文本分析等方法。学生需要学习这些研究方法的原理和应用，培养科学地观察、记录和分析语言数据的能力，为未来深入研究语言学问题打下基础。

（二）英语语音与语调

1.英语语音基础知识

学生需要系统学习英语语音的发音原理、国际音标的使用以及音素在口腔内的发声位置等基础知识。通过反复练习和纠正，提高学生的语音准确性和音素辨识能力。

（1）英语语音的发音原理

英语语音发音涉及声带振动和气流在口腔中的经过。发音时，通过不同的发声器官协调工作产生不同的音素。声带振动形成基音，口腔和舌头的位置、运动决定了具体的语音发音。

（2）国际音标的使用

国际音标是一套用来表示语音的符号系统，能够精确地表达各种语音之间的差异。学生需要掌握国际音标的符号对应关系，了解每个音标代表的具体发音特征，从而准确地学习和发音英语单词。

（3）音素在口腔内的发声位置

在口腔中，不同的音素发声位置也会有所不同。例如，元音的发声位置根据舌头、唇和颚的位置不同而有所区别；辅音的发声位置则涉及舌头、唇和软腭等部位的接触或阻塞。学生需要通过口型示范和练习掌握各种音素的发声位置和方式。

2. 语音训练与技巧

在英语语音训练与技巧的学习过程中，设计有针对性地训练课程是至关重要的。这样的课程应涵盖元音、辅音、连读、重音等多方面内容，旨在帮助学生建立良好的英语发音习惯，并提高其语音流利度和自然度。

首先，针对元音的训练，学生需要掌握清晰准确地发出不同元音的发音要点。通过练习调整舌头、嘴唇和颚的位置，以及振动声带的强弱程度，帮助学生准确区分和发音所有英语元音，从而确保发音的正确性。

其次，在辅音训练中，学生需要重点学习英语中常见的辅音的发音方法和特点。通过模仿老师的口型示范，学生可以逐步掌握辅音发音时舌头的位置和气流的控制，进而增强发音的清晰度和准确性。

再次，连读是提高语音流利度的关键技巧之一。学生需要注意各种连读规律的运用，如连音、爆破音、摩擦音等，以及在实际口语表达中的灵活运用。通过反复练习连读，学生可以逐步提高语音连接的自然度和流畅性。

最后，重音的训练也至关重要。学生需要学会识别英语单词中的重音位置，并学习正确的重音表达方式。重音的准确使用不仅可以凸显句子的重点信息，

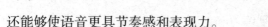

还能够使语音更具节奏感和表现力。

3.英语语调学习

英语语调学习对于英语口语表达的重要性不可忽视。学生需要系统学习英语语调的基本规律和模式，以提高口语表达的流利性、自然度和说服力。首先，语句重音是语言中的重要元素之一，能够影响句子的整体语调和重点传达。学生需要学会识别和运用适当的语句重音，这可以帮助突出句子中的关键信息，让表达更加清晰明了。其次，句子语调的变化对于表达情感和语气起着至关重要的作用。在学习过程中，学生需要了解英语语境下不同类型的句子语调，如陈述句、疑问句、感叹句等的语调特点，以便更准确地传达自己的意图和情感。此外，情感语调的运用也是英语语调学习中的重要部分，通过在语音上加入适当的情感元素，可以让表达更具有生动性和真实感，增强沟通的效果和说服力。

（三）英语写作与翻译

1.商务英语写作技巧

（1）清晰、简洁、准确地表达风格

在学习商务英语写作时，学生首先需要注重培养清晰、简洁、准确的表达风格。清晰的表达可以让信息传递更加直观明了，简洁的文字有助于读者更轻松理解，而准确的用词则能有效避免歧义和误解。通过精心选择用词、句式和结构，学生可以提高写作质量，使得所表达的观点更为客观准确。

（2）条理清晰、逻辑严谨的写作能力

另外，培养条理清晰、逻辑严谨的写作能力也是商务英语写作中不可或缺的技能。良好的逻辑结构能增加文章的说服力，而条理清晰则有助于读者更好地跟随思路。学生应当注重文稿的整体结构安排，合理运用段落和连接词，保持思维的连贯性，以确保文笔流畅、逻辑性强。

（3）灵活运用不同写作技巧

此外，在商务英语写作中，学生需要学会灵活运用各种不同的写作技巧，以满足不同场合的需求。无论是撰写商务邮件、商务简报还是商务计划书，都需要根据具体情况选择适当的写作风格和表达方式。学生应注重实践与总结，不断提升自身的写作技能和应变能力，以应对多样化商务情境的写作需求。

2. 商务英语翻译实践

（1）准确传达原文信息

商务英语翻译要求学生能够准确传达原文信息，确保译文内容与原文一致并保持专业术语的准确性。在翻译过程中，学生需要注意上下文的整体语境，并尽可能还原原文表达的含义和语气，以确保译文符合商务领域的专业标准。

（2）保持专业术语一致性

同时，商务英语翻译也要求学生注意专业术语的使用一致性。在商务文件、合同条款或市场调研报告等领域的翻译中，正确理解和准确翻译专业术语至关重要。学生需建立专业术语词汇库，并积累相关行业知识，以提升专业水平和翻译质量。

（3）注重语言流畅性和语境恰当运用

除了准确性和专业性外，语言流畅性和语境的恰当运用也是商务英语翻译中需要特别关注的方面。学生在翻译练习中需注重语言表达的通顺和连贯，同时要考虑语境对译文理解的影响，使译文更符合商务交流的要求。

二、商务英语专业知识

（一）国际贸易与经济学

1. 国际贸易理论

（1）比较优势理论

比较优势理论是国际贸易理论中的重要概念，强调国家在生产某种产品上相对优势的比较。学生通过学习比较优势理论，可以了解到国际贸易中各国间的互补关系，以及专业化生产与国际贸易的关联。这有助于学生认识到国际贸易的益处和意义，培养对贸易活动效率性的认知。

（2）绝对优势理论

绝对优势理论由亚当·斯密提出，指一个国家在生产某种商品上的生产效率高于其他国家。学生学习绝对优势理论可深入了解到国际贸易中分工合作的重要性，以及生产要素的差异对国际贸易的影响。通过对绝对优势理论的学习，学生能够理解国际贸易中资源配置和效率提升的原则。

（3）规避贸易壁垒

规避贸易壁垒是国际贸易中常见的策略，用以应对各国之间的贸易限制和保护主义措施。学生学习规避贸易壁垒的相关理论可帮助他们了解国际贸易中的挑战和应对方法，培养应变能力和战略思维。通过理论学习，学生将更具备面对不同贸易环境下的应对能力与判断力。

2.国际贸易实务知识

（1）国际贸易政策

学生学习国际贸易政策，将深入了解各国政府对外贸易活动的管理政策和法规规定。通过案例分析和实践操作，学生将能够理解全球贸易政策的制定与调整，掌握对贸易政策变化的应对策略，培养预见未来市场发展的能力。

（2）关税制度

在国际贸易实务知识中，学生还将学习关税制度的基本原理和运作机制。深入了解关税制度有助于学生理解进出口商品的税收政策，为企业制定国际贸易策略提供支持和参考。学生应熟悉国际关税规定和分类标准，以充分了解进出口业务的成本构成和税收影响。

（3）贸易协定

学生还需学习各类贸易协定及其影响，包括双边自由贸易协定、区域贸易协定等。通过深入了解贸易协定的内容和实施机制，学生将能够分析贸易协定对企业经营和市场准入的影响，培养发掘商机和把握市场的能力。

3.国际贸易环境与经济问题

（1）全球化对国际贸易的影响

学生需要深入研究全球化对国际贸易的影响，了解国际贸易在全球化背景下的发展趋势和挑战。全球化带来的政治、经济和文化影响，对于跨国贸易模式的调整和企业国际化战略的制定都有深远影响。

（2）贸易保护主义和跨国公司发展

学生还需要探讨贸易保护主义对国际贸易体系和跨国公司的影响，了解保护主义措施对市场准入、贸易平衡和产业结构的影响。同时，对于跨国公司的发展趋势和展望，学生应该掌握其在国际市场中的竞争策略和发展模式，为相关方面的决策提供参考建议。

（二）国际商务法律

1. 商务合同法律知识

（1）商务合同要素

商务合同是国际商务中的重要法律文件，学生在学习过程中需要了解商务合同的基本要素，包括合同当事人、合同对象、合同内容、履行方式、违约责任等。通过对各要素的分析和实例练习，学生将掌握合同起草和审查的关键技巧，为未来商务活动提供法律支持与保障。

（2）合同签订与履行

学生需要学习商务合同的签订过程和履行流程，包括合同签署形式、支付方式、交付时间等相关内容。深入了解合同签订和履行的关键环节，学生能够更好地规避合同纠纷和法律风险，确保合同的有效执行。

（3）合同变更与解除

在学习中，学生需了解商务合同的变更和解除机制，包括变更协议的订立、解除条件的触发和程序规定等。通过案例分析和模拟操作，学生可以熟悉处理合同变更和解除事务的技巧，培养灵活处理商务纠纷的能力与应变能力。

2. 国际仲裁与争端解决

（1）仲裁机构与程序

学生将学习国际商务中常见的争端解决方式——仲裁，理解不同仲裁机构的特点、程序和规则。通过深入研究仲裁法规和实践案例，学生可以了解仲裁的优势和适用范围，掌握申请仲裁和参与仲裁程序的相关技巧。

（2）调解与其他解决方式

除了仲裁外，学生还需了解其他争端解决方法如调解、和解等。通过学习这些解决方式的特点和应用场景，学生可了解协商解决商务纠纷的策略与技巧，提高协商能力和解决问题的效率。

3. 法律风险与规范

（1）法律风险分析

学生需要通过案例分析了解国际商务中存在的法律风险和挑战，包括合同纠纷、知识产权侵权、违规行为等。通过深度分析与讨论，学生可以识别和评估在商务活动中可能面临的法律风险，有效预防和应对潜在法律问题。

（2）法律合规要求

在学习中，学生需要熟悉国际商法规范和合规要求，包括相关法律条款、关键合同条款的解读、涉外经营合规要求等。通过学习法规标准和合规方案，学生将建立起规范经营和合法运营的意识，提高法律合规素养和企业风险管理能力。

（三）跨文化交际与国际商务礼仪

1.跨文化沟通技巧

在学习跨文化交际与国际商务礼仪课程中，学生将系统学习跨文化沟通的关键技巧。包括语言表达、非语言交流、文化背景理解等方面的要点。通过模拟情境和案例分析，学生将培养在多元文化环境下进行有效沟通和协商的能力，增强文化敏感度和尊重他者文化的意识。

（1）文化差异的认知

学生需要深入了解不同文化之间的差异和特点，包括价值观念、传统习俗、沟通方式等。通过学习各国文化的风俗习惯和商务礼仪标准，学生可以提前预判和解决跨文化交际中可能出现的误解和冲突，促进商务关系的良好发展。

（2）培养文化适应能力

在学习跨文化沟通技巧过程中，学生将培养自身的文化适应能力。借助角色扮演和实际操作，学生可以锻炼在跨文化环境下灵活应变和交流的能力，提高文化优势的整合利用能力，从而更好地融入国际商务活动并取得成功。

2.国际商务社交礼仪

学生将学习国际商务中常见的商务礼仪规范和行为准则。包括商务拜访礼仪、商务谈判技巧、商务宴会礼仪等方面。通过案例分析和实际模拟练习，学生可以熟悉并掌握不同国家和地区的商务礼仪，提高在商务场合中的形象和交往效果。

（1）跨文化管理技巧

学生将学习如何有效处理跨文化管理挑战，包括管理多元化团队、促进文化融合与共享、有效处理跨国合作中的文化差异等内容。通过实践案例和团队合作项目，学生将培养协调和合作的跨文化管理技巧，为国际商务合作注入互信和朝气。

（2）商务礼仪的应用

学生还将学会如何运用不同文化的商务礼仪规范，提高商务活动的成功率和效果。这包括在商务会议、商务洽谈、商务社交活动等场合正确使用商务礼仪，保持良好的商业关系和沟通畅通。通过实际练习和案例分析，学生将能够灵活处理各种商务场合的礼仪要求，树立良好的商务形象。

3.跨文化管理与合作

（1）多元文化合作策略

学生需深入理解跨文化管理的应对策略和合作方法。通过学习不同文化间的冲突解决技巧、团队协作模式以及文化融合策略，学生将培养全球化视野和全球团队合作能力，为跨国企业的成功发展做好准备。

（2）文化冲突的解决

在实际操作中，学生将学会如何有效处理文化冲突，并加强团队内部的理解和沟通。通过模拟案例分析和团队项目，学生可以培养解决问题的跨文化思维和团队合作的领导力，为跨文化管理提供坚实支撑。

第二节 商务英语专业课程体系的设置依据

一、行业需求与就业导向

商务英语专业课程体系的设计应严密依据行业需求和就业导向，以确保毕业生具备符合市场需求的实际能力。商务领域的就业需求主要集中在口语表达、商务写作、跨文化交际和国际贸易等方面。因此，课程设置应该紧密围绕这些核心领域展开，注重培养学生的实际应用能力和跨领域的综合素养。

（一）培养口语表达能力

1.口语训练课程的设置

商务英语专业的口语训练课程设置是确保学生在商务场景中能够流利、准确地表达自己想法和观点的重要环节。这些课程旨在培养学生的口头表达能力和沟通技巧，使他们能够在各种商务情境下自如地进行交流，并展现出自信和专业的形象。

这样的口语训练课程应当采用多样化的教学方法，以最大限度地激发学生的学习兴趣和参与度。其中，角色扮演是一种常用的教学手段，通过模拟不同商务场景中的角色，例如销售代表、客户经理、会议主持人等，学生可以在模拟情境中实践口语表达，锻炼自己的应变能力和语言运用能力。这种实践性的教学方法有助于学生更快地适应真实商务环境，提高他们的交际技巧和应变能力。

另一种常见的教学方法是模拟商务谈判和会议。在这样的课程中，学生被分成小组，模拟商务谈判、讨论会议等真实场景，在老师的指导下进行角色扮演和交流。通过这样的实践活动，学生不仅可以提高口语表达能力，还能够培养团队合作意识和问题解决能力。此外，还可以结合多媒体技术，播放商务演讲和会议录像，让学生学习和借鉴优秀的口语表达方式，丰富他们的表达技巧和语言风格。

除了模拟情境的实践活动，口语训练课程还应包括对口语技能的系统训练和指导。这包括语音语调的训练、词汇和语法的扩充、口语表达的技巧等方面。通过系统地训练，学生可以逐步提高自己的口语水平，增强语言表达的准确性和流利度。同时，课程还应鼓励学生参与实际的商务交流活动，例如参加商务会议、展览会等，锻炼他们在真实场景中的口语表达能力和应变能力。

2. 实践活动的开展

除了课堂教学外，商务英语专业还可以通过组织各类口语表达实践活动来丰富学生的学习体验和提升他们的口语表达能力。这些实践活动包括但不限于辩论赛、演讲比赛、商务演示等形式，为学生提供了展示自己口语表达能力的平台，同时也为他们提供了锻炼和实践的机会。

首先，辩论赛是一种常见的口语表达实践活动。通过参与辩论赛，学生可以在团队合作的氛围中，针对某一议题进行辩论和交流，锻炼他们的辩论技巧和逻辑思维能力。在辩论过程中，学生需要充分准备和组织自己的论点，并能够清晰、有条理地表达自己的观点，这对于培养他们的口语表达能力和应变能力都具有积极作用。

其次，演讲比赛也是一种常见的口语表达实践活动。通过参与演讲比赛，学生可以有机会独立面对观众，分享自己的观点和见解。在准备演讲的过程中，学生需要深入思考和研究所选话题，提炼出自己的核心观点，并通过清晰、生动的语言表达出来。这种实践能够帮助学生提高自信心和公众演讲能力，培养他们在公众场合中的沟通和表达能力。

最后，商务演示也是一种重要的口语表达实践活动。通过参与商务演示，学生可以模拟真实商务场景，展示自己的商务知识和沟通能力。在商务演示中，学生需要通过图表、数据等形式清晰地呈现自己的观点和分析，同时能够应对观众的提问和质疑，展现出自己的专业素养和应变能力。这种实践有助于学生将所学知识应用到实际中，并培养他们在商务环境中的表达和交流能力。

3. 个性化辅导与反馈

为了更好地帮助学生提升口语表达能力，个性化的辅导和反馈机制是至关重要的。教师可以通过一对一或小组形式的辅导，针对每位学生的口语表达问题进行个性化指导。这种个性化辅导可以根据学生的口语水平、学习风格和需求进行量身定制，帮助他们克服自身的弱点，突出优势，提升口语表达能力。

个性化辅导的关键在于教师能够充分了解学生的学习需求和问题，并针对性地提供有效的指导和建议。教师可以通过定期的口语测试、作业评估以及学生自我评价等方式收集学生的口语表达情况，识别他们的问题和不足之处。在此基础上，教师可以为每位学生量身设计个性化的口语训练计划，包括针对性地练习材料、练习方法和时间安排，以帮助他们有效地提升口语表达能力。

除了个性化辅导，及时地反馈也是提升口语表达能力的关键。教师应该定期对学生的口语表达进行评估，并及时给予具体的反馈和建议。这种反馈可以针对学生的发音、语调、词汇运用、语法准确性等方面进行，帮助他们发现和纠正问题，提高口语表达的准确性和流利度。同时，教师还可以为学生提供一些实用的口语技巧和策略，帮助他们在口语交流中更加自信和有效地表达自己。

建立学生之间的互助学习机制也是提升口语表达能力的有效途径。学生可以组成学习小组或语伴，相互交流经验、互相鼓励和帮助。通过与同学的互动和合作，学生可以不断地练习口语表达，发现和纠正自己的问题，共同进步。

（二）培养商务写作能力

1. 商务写作课程设置

商务英语专业的课程体系应当充分考虑商务写作的重要性，因此，设置专门的商务写作课程至关重要。这些课程的设计旨在培养学生的商务写作能力，使他们能够在商业环境中有效地进行书面沟通，并撰写各种类型的商务文件。这些课程的设置可以包括以下内容：

首先，商务写作课程应该覆盖商务文件的基本类型，如商务信函、商务报告、商务计划书等。学生需要了解不同类型商务文件的写作目的、结构和语言特点，以便能够根据具体情况灵活运用。

其次，课程应该重点讲解商务写作的基本原则和规范，如清晰、简洁、准确、礼貌等。学生需要学会如何使用简练明了的语言表达观点，确保信息传达的准确性和有效性。

再次，商务写作课程还应该涵盖实用的写作技巧和方法。例如，如何组织思路、如何选择合适的词汇和句型、如何进行逻辑推理和分析等。这些技巧和方法可以通过案例分析、实践操作和写作练习进行讲解和训练。

除了传统的商务文件，商务写作课程还应该关注新媒体时代的商务写作需求。学生需要了解如何撰写电子邮件、社交媒体消息、网络博客等新型商务文档，以适应现代商务通信的发展趋势。

最后，商务写作课程还应该结合实际案例和实践项目，让学生通过实际操作提升写作能力。例如，可以组织学生撰写真实的商务信函、报告或计划书，或者参与模拟商务场景的写作任务，以提高他们的实践能力和应用水平。

2. 实践案例分析

在商务写作课程中，实践案例分析是一种非常有效的教学方法，可以帮助学生将理论知识与实际应用相结合，提升他们的写作技能和应变能力。通过引入大量的实践案例，学生可以深入了解不同类型商务文件的写作特点，学习到成功的商务写作经验，并警示于失败案例中的常见错误。以下是一些可能的实践案例分析内容：

首先，可以选择一些成功的商务信函或商业邮件作为案例，让学生分析其写作风格、语言表达和结构布局。学生可以学习到如何在商务信函中表达清晰、礼貌、专业的态度，如何使用合适的措辞和格式，以及如何有效地传达信息和达成目标。

其次，可以选取一些商务报告或市场分析作为案例，让学生分析其逻辑结构、数据展示和分析方法。学生可以学习到如何组织报告内容，使之条理清晰、重点突出，如何运用数据和图表有效地支撑观点，并提高报告的说服力和可读性。

再次，可以引入一些商务计划书或营销方案作为案例，让学生分析其策划思路、目标设定和实施计划。学生可以学习到如何编写具有前瞻性和可操作性的商务计划，如何规划营销策略和推广活动，以及如何评估计划的可行性和效果。

最后，也可以选择一些失败的商务文档或沟通案例作为案例，让学生分析其失败原因和改进措施。通过分析失败案例，学生可以警示于其中的常见错误，如语言不当、逻辑混乱、信息不准确等，从而提高他们的写作质量和专业水平。

3. 个性化写作辅导

个性化的写作辅导是提升学生商务写作能力的重要手段之一。通过个性化辅导，教师可以更好地了解每位学生的写作水平、需求和特点，从而针对性地进行指导和帮助。以下是一些可能的个性化写作辅导方式：

首先，教师可以通过定期的写作作业和练习来了解学生的写作水平和问题所在。根据学生的作业表现，教师可以识别出他们的写作弱点和需要改进的地方，为后续的个性化辅导提供参考。

其次，教师可以与学生进行一对一的写作辅导会议，就学生的具体写作问题进行深入交流和讨论。在这些会议中，教师可以针对学生的写作作品提供详细的反馈和建议，帮助他们理清写作思路，提升写作逻辑和表达能力。

最后，教师还可以根据学生的个人兴趣和职业发展方向，为他们量身定制专门的写作训练计划。通过结合学生的实际需求和目标，教师可以为他们提供针对性地写作练习和素材，帮助他们更好地准备面对未来的职业挑战。

除了以上方法，教师还可以利用现代科技手段，如在线写作平台、写作辅导软件等，为学生提供个性化的写作辅导服务。这些工具可以根据学生的写作水平和需求，提供定制化的写作指导和反馈，帮助他们更高效地提升写作能力。

（三）培养跨文化交际能力

1. 跨文化交际课程设置

跨文化交际课程在商务英语专业的课程体系中扮演着至关重要的角色，旨在培养学生在国际商务环境中的跨文化沟通能力和敏感度。这些课程不仅帮助学生了解不同国家和地区的文化特点，还教授他们如何在不同文化背景下进行有效地沟通和合作。以下是一些可能涵盖的内容和设置方式：

第一，跨文化交际课程可以介绍不同国家和地区的文化背景、价值观念、社会习俗等内容。学生可以通过学习这些知识，了解到不同文化之间的差异和共性，培养对多元文化的理解和尊重。

第二，课程可以重点讲解在国际商务环境中的跨文化沟通技巧和策略。这包括如何适应不同文化背景下的沟通方式、如何处理跨文化冲突、如何建立和维护国际商务关系等方面的内容。学生可以通过案例分析和角色扮演等活动，模拟跨文化沟通情境，提升他们的实际应用能力。

第三，课程还可以介绍不同国家和地区的商务礼仪和文化习惯。学生可以学习到不同文化背景下的商务礼仪规范、商务谈判技巧、商务宴会礼仪等内容，为将来从事国际商务工作做好准备。

第四，跨文化交际课程可以设置实践环节，如组织学生参加国际商务会展、进行跨文化交流活动等。通过实践活动，学生可以将课堂学到的理论知识应用到实际中，加深对跨文化交际的理解和认识，提升他们的实际应用能力和综合素养。

2. 实践活动与文化体验

除了在课堂上学习商务英语知识和跨文化交际技巧，商务英语专业的学生还应该参与各种跨文化实践活动和文化体验，以拓宽他们的视野、增强他们的文化敏感性和适应能力。

一种常见的跨文化实践活动是参加国际文化节。这些文化节通常由学校或社区组织，为学生提供了解不同国家和地区文化的平台。学生可以通过观看文化表演、品尝异国美食、参与传统游戏等方式，感受并体验不同文化的独特魅力。通过这些活动，学生可以增进对其他文化的理解和尊重，培养他们的跨文化交际能力。

文化交流访问也是一种重要的跨文化实践方式。商务英语专业的学生可以参加学校或社团组织的国际交流项目，前往其他国家或地区进行文化交流和学习。在访问期间，他们可以与当地人交流、生活和工作，深入了解当地的文化、风土人情和商务习惯。通过与不同文化背景的人交流互动，学生可以更全面地认识世界，增强他们的跨文化交际技能和适应能力。

除了以上实践活动，商务英语专业还可以组织学生参加商务考察、国际商务论坛等商业活动。这些活动为学生提供了与国际商界人士交流和合作的机会，帮助他们了解国际商务的最新发展动态和实践经验。通过参与这些商务活动，学生可以拓宽自己的商务视野，增强跨文化合作的意识和能力。

3.跨文化沟通模拟训练

跨文化沟通模拟训练是商务英语专业课程中非常重要的一环，它为学生提供了一个模拟的国际商务环境，在这个环境中他们可以进行跨文化交流的实践和体验。这种模拟训练可以通过各种形式进行，包括虚拟场景的模拟、真实商务情境的再现以及角色扮演等方式。

（1）虚拟场景的模拟

通过使用虚拟商务平台或模拟软件，学生可以在虚拟环境中扮演不同国家或地区的商务代表，进行商务谈判、合作协商等活动。这种模拟训练可以根据实际情况设计不同的场景和情节，让学生在虚拟环境中体验到真实的跨文化交际挑战，提高他们的应对能力和实战经验。

（2）真实商务情境的再现

学校可以与企业合作，邀请真实的商务人士来校进行商务交流活动，让学生在真实的商务场景中与他们进行交流和合作。通过与真实商务人士的互动，学生可以更深入地了解不同文化之间的交流方式和规则，提高他们的跨文化沟通技巧和意识。

（3）角色扮演

在课堂上，教师可以设计各种商务情境，要求学生扮演不同角色，进行商务谈判、会议发言等活动。通过角色扮演，学生可以模拟真实商务场景中的交流过程，锻炼自己的口语表达能力、沟通技巧和应变能力，提高他们在跨文化环境中的交流效果和适应能力。

（四）培养国际贸易知识与技能

1.国际贸易原理与实践

（1）国际贸易基本原理

在商务英语专业的课程设置中，国际贸易的基本原理是学生必须掌握的内容之一。这包括介绍国际贸易的基本概念、原则和模式，使学生能够理解国际贸易活动的基本运作机制。涵盖内容包括比较优势理论、绝对优势理论、国际分工、贸易关系等方面的理论知识，帮助学生建立对国际贸易的整体认识。

（2）贸易政策与法规

学生需要学习国际贸易政策和法规，了解各国和地区的贸易政策、关税制度、贸易协定等内容。这部分内容还涉及国际贸易组织（WTO）的运作机制和相关规则，帮助学生了解国际贸易法律框架，为日后从事国际贸易活动打下基础。

（3）贸易术语与操作流程

商务英语专业的课程还应包括贸易术语和操作流程的学习，使学生熟悉国际贸易中常用的术语和流程。学生需要掌握国际贸易中的常用术语、文件和单证，了解国际贸易的操作流程，包括报价、订购、发货、付款、报关、运输等环节，从而具备处理国际贸易实务的能力。

2. 国际市场营销策略

（1）国际市场分析与定位

学生需要学习国际市场分析和定位的相关知识，包括市场调研方法、市场规模评估、竞争对手分析等内容。通过学习，他们能够掌握如何识别和评估国际市场的机会和挑战，确定适合产品或服务的市场定位和目标客户群体。

（2）国际产品推广与品牌营销

课程还应涵盖国际产品推广和品牌营销的策略与技巧。学生需要了解国际市场上的促销手段、广告策略、公关活动等，以及品牌建设和维护的重要性。通过案例分析和实践操作，他们可以学习到如何制定和实施国际市场营销计划，提高产品或服务在国际市场上的知名度和竞争力。

3. 国际贸易法律与合同管理

（1）国际贸易法律体系

学生需要了解国际贸易法律体系，包括国际贸易合同法、国际货物买卖合同、国际运输合同等内容。他们需要学习国际贸易中常见的法律问题和争议解决机制，以及国际商事仲裁的基本原理和程序。

（2）合同管理与风险防控

课程还应涉及合同管理与风险防控的内容，帮助学生学会合同的起草、谈判、签订和执行，以及如何应对合同履行过程中可能出现的风险和纠纷。通过案例分析和角色扮演等形式，学生可以掌握合同管理的实际操作技巧，提高在国际贸易中的法律意识和风险防范能力。

二、学科发展趋势与国际对接

商务英语作为一门应用型的专业学科，其课程体系设计应当紧密关注学科的发展趋势，并与国际接轨，以适应全球化的发展需求。随着全球化的推进，商务英语专业需要通过课程设置，培养学生具备全球化视野、跨文化交际能力和国际商务实践经验。因此，课程体系的设计应考虑以下几个方面：

（一）关注全球商业环境变化

1. 引入最新商业案例与实例分析

商务英语专业的课程体系应当不断调整和更新，以反映全球商业环境的变化。在课堂教学中，引入最新的商业案例和实例分析是一种有效的方法。通过分析具有代表性的商业案例，学生可以深入了解当前全球商业环境的状况和趋势，从中汲取经验和教训。

最新商业案例的引入不仅可以帮助学生了解商业行为的实际运作，还能培养他们的商业敏感性和创新意识。学生可以通过案例分析，了解企业在全球市场竞争中所面临的挑战和机遇，探讨企业的战略选择、市场营销策略、创新模式等方面的实践经验。

这种实践性教学方法可以激发学生的学习兴趣，提高他们对商业环境变化的感知能力。同时，通过与实际案例的接触，学生还可以培养分析和解决问题的能力，为将来从事商业领域的工作做好准备。

2. 涵盖全球化战略与跨境贸易

学生需要了解全球化对企业经营和管理的影响，以及如何制定适应全球化的战略。这包括了解全球化背景下的市场机会和挑战，探讨企业跨国经营的战略选择，以及全球资源配置、供应链管理等方面的战略决策。

跨境贸易是全球化背景下商务活动的重要组成部分。课程体系应涵盖跨境贸易的基本原理和操作流程，使学生能够理解国际贸易的基本规则和程序。学生需要学习关于国际采购、国际销售、国际物流等方面的知识，为将来从事国际贸易工作做好准备。

通过学习全球化战略和跨境贸易，学生可以了解不同国家和地区的市场特点和法律法规，拓宽国际视野，增强跨文化交流能力，为将来从事国际商务工作打下坚实基础。

3.培养国际市场营销技能

学生需要学习国际市场分析、市场定位、产品推广和品牌营销等方面的知识和技能。这包括了解不同国家和地区的市场特点和消费习惯，分析国际市场的竞争格局和趋势，制定适合国际市场的营销策略和计划。

在课程设置中，可以引入实际案例和模拟情境，让学生通过实践操作来学习和应用国际市场营销技能。通过与实际案例的接触和分析，学生可以了解国际市场营销的成功经验和失败教训，提高其市场分析和营销策略制定的能力。

通过培养国际市场营销技能，学生可以提高产品在国际市场上的竞争力，拓展国际市场，实现企业的可持续发展。同时，这也为学生未来从事国际商务领域的工作提供了实践基础和就业竞争优势。

（二）紧密结合国际认证标准和行业标准

1.引入国际通行的商务英语教材与教学资源

商务英语专业的课程体系应当紧密结合国际认证标准和行业标准，这意味着必须选择符合国际通行标准的商务英语教材和教学资源。这些教材和资源应当经过严格筛选，确保内容全面、权威，并且反映了当前全球商业环境的最新发展趋势。通过引入这些国际通行的教材和资源，学生可以接触到世界各地商务实践的案例和经验，从而拓宽他们的视野，提高他们的国际竞争力。

这些教材和资源还应当具有多样性和实用性，以满足不同学生的学习需求。商务英语教材可以涵盖商业沟通、商务写作、跨文化交际、国际贸易等方面的内容，而教学资源可以包括电子书籍、在线课程、商务案例库、视频资料等。通过多样化的教学资源，学生可以根据自己的兴趣和学习风格选择适合自己的学习材料，提高学习效率和兴趣度。

引入国际通行的商务英语教材和教学资源不仅可以满足学生的学习需求，还可以提高教学质量和教学水平。这些教材和资源通常经过严格的学术审核和专业评估，具有权威性和可信度，可以为学生提供高质量的学习内容和学术支持。同时，教师也可以通过这些教材和资源不断更新教学内容，保持课程的前沿性和实用性，提高教学效果和学生满意度。

2. 国际化教学团队与国外教师的参与

为了提高课程的国际化水平，商务英语专业可以邀请国际化教学团队和国外教师参与教学。这些教学团队和教师通常具有丰富的国际商务经验和跨文化背景，能够为学生提供更具国际视野和水平的教学内容和方法。他们可以分享自己在国际商务领域的实践经验和专业知识，为学生提供更为直观、生动的教学案例和教学资源。

国际化教学团队和国外教师的参与还可以促进教学团队之间的合作和交流，提高教学质量和教学效果。他们可以与本地教师合作设计课程，共同探讨教学方法和教学内容，为学生提供更为综合和多元化的学习体验。这种合作模式有助于促进教学团队之间的专业成长和团队凝聚力，提升整个课程的教学水平和竞争力。

通过国际化教学团队和国外教师的参与，商务英语专业可以为学生提供更为全面、深入的国际化教育，培养他们具备全球化视野和跨文化交际能力。学生可以从不同国家和地区的教师那里学到不同的商务文化和工作方式，拓宽自己的视野，提高自己的国际竞争力。

（三）培养跨文化交际能力和国际视野

1. 开设跨文化沟通与国际商务礼仪课程

（1）设计跨文化沟通课程

跨文化沟通课程的设计应该包括理论与实践相结合的内容，旨在帮助学生理解不同文化背景下的沟通规则、习惯和技巧。课程可以从跨文化交流的基本概念开始，逐步深入探讨不同文化间的沟通模式、误解和解决方法。通过案例分析、角色扮演和小组讨论等活动，学生可以在实践中学习如何与不同文化背景的人进行有效的沟通，并培养尊重和包容不同文化的意识。

（2）设置国际商务礼仪课程

国际商务礼仪课程旨在教授学生在国际商务场合中的礼仪规范和行为准则。课程内容可以包括商务礼仪的基本原则、商务社交礼仪、商务宴会礼仪等内容。学生将学习如何在商务活动中展现自己的专业形象，如何正确使用商务用语和姿势，以及如何处理商务场合中的礼仪问题。通过模拟商务场景的角色扮演和实际案例的分析，学生可以提高自己的商务礼仪水平，增强与国际商务伙伴的沟通和合作能力。

2.提供国际交流机会与实践项目

（1）参与国际会议与商务竞赛

商务英语专业可以组织学生参加国际会议和商务竞赛，这些活动为学生提供了与国际同行交流的机会，拓宽了他们的国际视野。通过参与国际会议，学生可以了解最新的商务趋势和发展动态，同时展示自己的专业知识和交流能力。参加商务竞赛则可以锻炼学生的团队合作和解决问题的能力，同时提高他们的竞争力和自信心。

（2）海外交流项目与实习机会

为了进一步提升学生的国际化能力，商务英语专业可以提供海外交流项目和实习机会。学生可以选择参加海外交流项目，前往海外大学进行学习和交流，拓宽自己的国际视野和人际关系。同时，他们还可以申请海外实习机会，深入了解国际商务环境和企业运营方式，将课堂学习与实践经验相结合，为将来的职业发展做好充分准备。

第三节　商务英语专业课程体系设置原则

一、实用性与综合性原则

（一）商务英语语言技能的培养

商务英语专业的课程应该注重学生语言技能的培养，使他们能够在商务环境中流利地使用英语进行沟通和书写。这一目标可以通过以下三种方式实现。

1.提升英语听力技能

为了提升学生的听力技能，商务英语专业的课程安排应该包括多种听力训练，涵盖商务电话交流、商务会议记录等方面。这样的安排有助于学生在商务场景中更加自如地应对各种听力挑战，从而提高他们的听力理解能力。

商务电话交流是商务环境中常见的沟通方式之一，因此，安排商务电话交流的听力训练对学生的实际应用能力至关重要。通过模拟商务电话交流的场景，学生可以倾听真实的商务对话，从中学习到商务用语和交流技巧，提高他们在电话交流中的理解能力和应对能力。

另外，商务会议是商务活动中的重要环节，参与者需要能够准确地记录会议内容并理解其他与会者的发言。因此，安排商务会议记录的听力训练可以帮助学生提高对复杂商务信息的理解能力和记忆能力，培养他们在商务会议中高效沟通和合作的能力。

2.加强英语口语表达的训练

为了提升学生的口语表达能力和沟通技巧，商务英语专业应设置专门的口语训练课程。这些课程旨在通过角色扮演、商务演讲等活动，帮助学生在真实情境中练习口语表达，从而提高他们的口头表达能力和沟通技巧。

角色扮演是口语训练课程中常用的一种教学方法。通过角色扮演，学生可以模拟真实的商务场景，扮演不同的角色，进行商务对话和交流。这种活动可以让学生身临其境地体验商务环境，锻炼他们的语言表达能力和应对能力。在角色扮演中，学生需要运用所学的商务英语知识，灵活运用语言，与其他角色进行互动，从而提高口语表达的流利度和准确性。

另外，商务演讲也是口语训练课程的重要组成部分。通过商务演讲，学生可以锻炼自己的演讲技巧和表达能力。他们需要选择一个主题，准备演讲稿，并在课堂或其他场合进行演讲。在演讲过程中，学生不仅需要表达清晰、流畅，还需要注意语速、语调和肢体语言，以吸引听众的注意力并有效地传达信息。

通过这些口语训练活动，学生可以逐步提升他们的口语表达能力和沟通技巧。他们将在实践中学习如何应对各种商务情境，提高自己的表达能力和沟通效果。

3.加强英语阅读与写作能力

为了加强学生的阅读与写作能力，商务英语专业应设置专门的商务英语阅读和写作课程。这些课程旨在让学生熟悉商务文档的阅读和书写格式，培养他们的文书表达能力，为将来从事商务工作打下坚实的基础。

在商务英语阅读课程中，学生将学习如何有效地阅读商务文档，包括商业报告、商务信函、合同条款等。课程将重点培养学生分析和理解商务文本的能力，帮助他们抓住关键信息，了解作者的意图和论点，从而提高阅读效率和理解能力。同时，学生还将学习商务英语中常用的词汇和短语，以及阅读商务文档时常见的语言结构和表达方式。

在商务英语写作课程中，学生将学习如何准确、清晰地表达商务意图，包括商业报告、商务邮件、销售提案等不同类型的商务文档。课程将重点培养学生的写作技巧，包括文档结构的设计、段落逻辑的组织、语言风格的选择等方面。通过实践性的写作任务，学生将有机会提高自己的文书表达能力，并逐步习得在商务环境中撰写清晰、简洁、有效的商务文档的技能。

通过商务英语阅读和写作课程的学习，学生将能够熟练理解和书写商务文档，具备良好的阅读和写作能力，为未来从事商务领域的工作做好充分准备。

（二）商务知识的全面覆盖

商务知识的全面涵盖是为了让学生具备在国际商务领域中应对各种挑战的能力。课程的设计应该包括以下三个方面的内容。

1.国际贸易原理

学生在商务英语专业课程中应该学习国际贸易的基本原理，这对他们理解国际贸易的运作机制至关重要。国际贸易是指跨越国家边界进行的商品和服务交换活动，其基本原理涉及货物和服务的交换、市场需求和供给、价格形成等方面。

首先，学生需要了解国际贸易的基本原则之一是比较优势理论。比较优势理论是由经济学家大卫·里卡多提出的，指出各国应该根据自身的资源和生产成本优势来选择生产特定的商品或提供特定的服务，然后通过国际贸易来实现互补和合作。比较优势理论强调了各国在国际贸易中的特定角色和地位，为学生理解国际贸易的逻辑提供了重要参考。

其次，学生还应该学习国际贸易的贸易政策和法规。国际贸易涉及不同国家之间的政治、经济和法律等方面的交叉，因此需要遵守一系列的国际贸易法律法规和贸易政策。这包括关税政策、贸易壁垒、贸易协定等内容，学生需要了解这些政策和法规对国际贸易活动的影响，以及如何在实际操作中遵守和应对这些规定。

学生还应该学习国际贸易的其他重要概念和原则，如关税、配额、最惠国待遇等。这些概念和原则在国际贸易中起着重要作用，影响着不同国家之间的贸易行为和关系。学生通过学习这些内容，可以深入了解国际贸易的运作机制，为将来从事国际商务工作做好准备。

2. 国际市场营销

国际市场营销课程的设置至关重要，它应该全面覆盖国际市场分析、市场定位、品牌推广等内容，以帮助学生深入了解国际市场的运作规律和有效的营销策略。

首先，课程应该涵盖国际市场分析的内容。这包括对全球市场的宏观和微观层面的分析，了解不同国家和地区的经济、政治、文化、社会等因素对市场的影响。通过学习国际市场分析，学生能够掌握市场趋势、竞争格局、消费者需求等信息，为制定有效的营销策略提供基础。

其次，课程还应包括市场定位的内容。市场定位是指企业根据市场需求和竞争格局，确定自身产品或服务的定位和目标消费群体。学生需要学习如何识别目标市场、分析目标消费者的特征和需求，从而确定最佳的市场定位策略，提高产品或服务在国际市场上的竞争力。

课程应该涵盖品牌推广的相关知识。品牌推广是企业在国际市场上提升知名度、树立形象、促进销售的重要手段。学生需要了解不同的品牌推广策略，如广告、公关、促销等，以及如何结合不同的传播渠道和媒体进行品牌推广，从而吸引目标消费者并提升品牌价值。

3. 跨文化管理

跨文化管理是商务英语专业中至关重要的一部分。学生在学习过程中，需要了解不同文化背景下的商务交流规则和礼仪，以及如何在跨文化环境下进行有效的管理和合作。

首先，学生需要了解不同文化背景下的商务交流规则和礼仪。不同国家和地区的文化具有独特的价值观念、信仰体系和行为准则，这对商务交流产生了深远的影响。因此，学生需要学习并理解跨文化沟通中的文化差异，包括言语、非言语和行为方面的差异，以避免因文化冲突而导致的误解和问题。

其次，学生还需要学习如何在跨文化环境下进行有效的管理和合作。跨文化管理涉及团队建设、决策制定、问题解决等方面的技能。学生需要学习如何领导和管理来自不同文化背景的团队成员，如何协调和调解因文化差异而产生的冲突，以及如何制定灵活和适应性强的管理策略，从而实现团队的有效运作和合作。

（三）商务实践技巧的强化

除了语言和知识技能外，商务实践技巧的强化对于学生在实际工作中的表现至关重要。以下是一些课程设计的建议：

1. 商务谈判技巧

商务谈判技巧在商务英语专业的培养中占据着重要地位。通过案例分析和角色扮演等活动，可以有效地培养学生的谈判技巧和应变能力。

首先，案例分析是一种常用的教学方法，通过分析真实的商务谈判案例，学生可以了解到不同谈判策略的运用和结果。在案例分析中，学生有机会分析谈判中涉及的各种因素，如利益诉求、谈判目标、对手策略等，从而更好地理解谈判的复杂性和挑战性。通过对成功和失败案例的分析，学生可以吸取经验教训，提高自己的谈判技巧和应对能力。

其次，角色扮演是一种实践性的学习方式，通过模拟真实的商务谈判场景，学生可以身临其境地体验到商务谈判的过程和挑战。在角色扮演中，学生扮演不同的角色，包括谈判代表、客户、观察员等，通过模拟谈判过程，学生可以锻炼自己的沟通技巧、表达能力和谈判策略，提高他们在实际商务环境中应对复杂情况的能力。

2. 商务演讲技巧

商务演讲技巧在商务英语专业的培养中扮演着至关重要的角色。通过安排商务演讲训练课程，可以帮助学生熟练地进行商务演讲，并提高他们的演讲表达能力。

首先，商务演讲训练课程应该着重培养学生的演讲技巧。这包括语言表达能力、逻辑思维能力、演讲结构和组织能力等方面。学生需要学习如何清晰、流畅地表达自己的观点，如何合理、有效地组织演讲内容，以及如何运用恰当的语言和声音技巧来吸引听众的注意力。

其次，商务演讲训练课程还应该注重实践操作。通过安排演讲任务和实践活动，让学生有机会进行实际演讲并接受反馈。通过实践，学生可以不断提升自己的演讲技能，发现并改进自己的不足之处，逐步提高演讲的质量和效果。

商务演讲训练课程还应该注重培养学生的应变能力和沟通技巧。在商务演讲中，可能会遇到各种突发情况和挑战，学生需要学会应对并自如应对。同时，学生还需要学习如何与听众有效沟通，如何处理问题和回答提问，以确保演讲的顺利进行和取得良好的效果。

3. 商务写作技巧

商务写作技巧在商务英语专业的培养中具有重要意义。通过设置商务写作课程，可以教授学生商务文件的写作规范和技巧，使他们能够准确、清晰地表达自己的思想和观点。

首先，商务写作课程应该重点教授学生商务文件的写作规范。这包括商务信函、商务报告、商务计划书等不同类型的商务文件的写作格式、结构和语言风格。学生需要了解不同类型商务文件的特点和要求，掌握它们的标准格式和写作要求，以确保他们的写作符合专业标准，能够被目标读者所理解和接受。

其次，商务写作课程还应该教授学生商务写作的基本技巧。这包括如何提炼和组织思想、如何使用恰当的语言和词汇、如何进行逻辑思维和结构清晰地表达等。学生需要学会通过文字清晰地传达自己的意图和信息，使读者能够准确理解所传达的内容。

除此之外，商务写作课程还可以通过实践训练和案例分析等方式，帮助学生提升他们的写作水平。通过实际的写作练习和分析商务文档的范例，学生可以更好地理解和掌握商务写作的技巧和要领，提高他们的写作效率和质量。

二、专业化与创新性原则

（一）专业化课程的设置

1. 商务翻译课程

商务翻译作为商务领域的重要支撑，不仅关乎企业间跨国交流的顺畅，更直接关系到商业合作的成败。随着全球化的深入，跨国企业间的合作日益频繁，商务文件和会议口译成为跨文化沟通的核心环节。

（1）商务翻译课程内容与目标

商务翻译课程旨在培养学生在商务领域中进行跨语言沟通和翻译的能力。该课程内容包括：

①商务文件翻译

学生将学习如何准确、清晰地将商务文件翻译成另一种语言，包括商业合同、商务信函、报告和宣传资料等。重点培养学生的专业术语和商务用语的翻译能力。

②商务会议口译

学生将学习商务会议口译的基本技能，包括快速理解和转述会议内容、保持中英文之间的准确传达和流畅表达等。通过实际模拟商务场景的口译练习，提升学生的口译实践能力。

（2）课程教学方法与实践

商务翻译课程注重理论与实践相结合，采用多种教学方法：

①理论教学

讲授商务翻译的基本原理、技巧和规范，介绍商务翻译中常见的难点和解决方法。

②实践训练

通过案例分析、模拟翻译和口译练习等方式，让学生在实际操作中熟悉商务翻译的各种场景和技巧。

③实地实习

安排学生到企业或跨国机构进行实地实习，亲身体验商务翻译工作的实际环境和要求，提升实践能力和应变能力。

（3）课程评估与反馈

课程评估主要通过以下方式进行：

①作业和考试

包括翻译作业、口译模拟考试等形式，测试学生对商务翻译理论和实践的掌握程度。

②课堂表现

评估学生在课堂上的参与度、表达能力和专业素养，包括翻译技巧的实时运用和解决问题的能力。

③实习成绩

对学生在实地实习中的表现进行评价，从实践角度检验学生的翻译能力和适应能力。

2.商务管理课程

商务管理是指对商业活动进行规划、组织、领导和控制的过程，是企业实现经营目标和持续发展的关键。在全球化的背景下，商务管理面临着越来越复杂的挑战和机遇，需要具备全面的管理知识和技能。

（1）商务管理课程的内容与目标

商务管理课程旨在培养学生在商业领域中的管理能力和组织协调能力。该课程内容包括：

①管理理论

学生将学习管理理论的基本概念和原则，包括管理功能、管理过程、管理模式等，为他们后续的管理实践提供理论指导。

②领导力

学生将学习领导力理论和实践技巧，包括不同领导风格的特点和应用，如权威型领导、民主型领导、变革型领导等。

③团队协作

学生将学习团队协作的原则和技巧，包括团队建设、沟通与协调、冲突管理等，培养团队合作精神和团队领导能力。

（2）课程教学方法与实践

商务管理课程注重理论与实践相结合，采用多种教学方法：

①理论教学

讲授管理理论和领导理论的基本概念和原则，介绍不同管理模式和领导风格的特点和应用。

②案例分析

通过实际案例分析，让学生了解和分析不同管理和领导情境下的问题和解决方案，培养他们的分析和判断能力。

③角色扮演

通过角色扮演和团队合作活动，模拟商务管理中的各种情境，让学生在实践中体验和应用管理和领导技能。

（二）创新性课程的设计

1. 数字化营销课程

随着信息技术的迅速发展和互联网的普及，数字化营销已成为商务领域不可或缺的重要趋势。这门课程旨在为学生提供数字化营销的基本理论和实践技巧，以适应当今商业环境中数字化营销的发展需求。

（1）数字化营销的基本理论和实践技巧

随着信息技术的迅速发展和互联网的普及，数字化营销已经成为商务领域不可或缺的重要趋势。这门课程旨在为学生提供数字化营销的基本理论和实践技巧，以帮助他们适应当今商业环境中数字化营销的发展需求。学生将系统学习社交媒体营销、搜索引擎优化（SEO）、搜索引擎营销（SEM）、内容营销、电子邮件营销等数字化营销策略和技术。通过理论讲解和案例分析，学生将了解数字化营销的核心概念、原理和技术应用。在实践操作环节，学生将通过模拟情境和实际案例，学习如何制定和执行数字化营销计划，包括确定目标受众、选择合适的数字渠道、制作有效的营销内容等，从而提高品牌曝光度、吸引客户和增加销售额，为企业在数字化营销领域获得竞争优势奠定基础。

（2）社交媒体营销与内容策略

社交媒体已成为数字化营销中不可或缺的重要渠道之一。在这个部分，学生将深入学习社交媒体营销的策略和技巧。课程将涵盖社交媒体平台的特点、受众行为分析、内容制作与发布、互动营销等方面内容。学生将了解如何在社交媒体上建立和管理品牌形象，如何制定有针对性的社交媒体营销策略，以及如何通过社交媒体与客户进行有效的互动。此外，课程还将重点介绍内容营销的重要性，教授学生如何策划和创建优质内容，吸引并保持受众的关注，提高品牌影响力和知名度。

（3）搜索引擎优化与电子邮件营销

搜索引擎优化（SEO）和电子邮件营销是数字化营销中常用且有效的两种策略。在这个部分，学生将学习如何通过 SEO 提升网站在搜索引擎中的排名，增加网站流量和曝光度。课程将介绍 SEO 的基本原理、关键因素和优化技巧，培养学生对于关键词研究、网站结构优化、内容优化等方面的理解和能力。另外，学生还将学习电子邮件营销的方法与技巧，包括邮件内容的设计、受众分析、营销邮件的发送频率和时间等。通过这门课程的学习，学生将掌握数字化营销的关键技能和策略，为今后从事相关工作做好准备。

2.跨境电商课程

（1）跨境电商基础知识

随着全球化进程的不断推进，跨境电商已成为国际贸易的重要形式之一。这门课程旨在为学生提供跨境电商的基本知识，使他们能够全面了解跨境电商的概念、背景和发展趋势。学生将学习跨境电商的定义、特点、优势和挑战，以及跨境电商与传统贸易的区别。此外，课程还将介绍跨境电商在全球经济中的地位和作用，以及其对国际贸易、企业发展和消费者生活的影响。通过理论学习和案例分析，学生将建立起对跨境电商的整体认识和理解。

（2）跨境电商运营与管理

跨境电商的成功离不开有效地运营与管理。在这个部分，学生将深入学习跨境电商的运营模式、管理体系和关键要素。课程将涵盖国际支付结算、海关通关流程、国际物流和仓储管理等内容。学生将了解跨境电商平台的选择与建立、产品选型与采购、国际物流渠道的选择与管理等关键环节。通过实际案例分析和模拟实践，学生将掌握跨境电商运营与管理的核心技能，包括订单处理、库存管理、物流配送、售后服务等方面，为未来从事跨境电商相关工作做好准备。

（3）跨境电商市场拓展与策略

跨境电商市场的竞争日益激烈，学生需要掌握有效的市场拓展与策略。这个部分将重点介绍跨境电商的市场拓展方法和策略。学生将学习市场定位、目标市场选择、营销推广、品牌建设等内容，以及如何制定适合跨境电商的营销计划和策略。课程还将涵盖国际市场营销的文化差异、法律法规遵循、风险管理等方面内容，帮助学生在全球化市场中更好地开拓业务。通过案例分析和实践操作，学生将了解市场拓展与策略的实际应用，提升跨境电商业务的竞争力和可持续发展能力。

3.国际商法课程

（1）国际商法基础知识

国际商法是商务领域中至关重要的一部分，涉及国际贸易合同、国际货物买卖、国际运输、支付结算等方面的法律规定和实践操作。这门课程旨在为学生提供国际商法的基本原理和规则，使他们能够在国际商务环境中理解和应用相关法律知识。学生将学习国际商法的发展历程、主要法律体系、国际商事主体的法律地位等内容，建立起对国际商法的整体认识和理解。通过案例分析和理论探讨，学生将掌握国际商法的基本框架和基本概念，为深入学习和实践打下基础。

（2）国际贸易合同与争端解决

国际贸易合同是国际商法的核心内容之一，也是商业交易中不可或缺的法律工具。这个部分将重点介绍国际贸易合同的基本原则、主要条款和示范合同，以及合同的解决方式和纠纷解决机制。学生将学习合同的成立、履行、变更和解除等基本流程，以及合同中常见的争议解决条款和仲裁程序。此外，课程还将介绍国际贸易争端解决的主要方式，包括仲裁、诉讼和谈判等方法。通过实际案例分析和模拟法庭演练，学生将了解国际贸易合同和争端解决的实际操作，培养解决国际商务纠纷的能力和技巧。

（3）知识产权保护与国际法律合规

知识产权保护是国际商法中的重要内容之一，对于企业的创新和发展至关重要。这个部分将介绍知识产权的基本概念、种类和保护方式，以及知识产权在国际贸易中的重要性和应用。学生将学习专利、商标、著作权等知识产权的法律保护和申请程序，以及知识产权的跨境保护和国际合作机制。此外，课程还将介绍企业在国际商务活动中应该遵守的国际法律合规要求，包括反垄断法、反腐败法、进出口法规等内容。通过案例分析和实际操作，学生将了解知识产权保护和国际法律合规的实际挑战和应对策略，培养法律意识和风险防范能力，为将来在国际商务领域中的法律工作做好准备。

第四章 高校商务英语专业复合型人才培养的教学模式研究

第一节 商务英语教学模式的创新

一、问题导向教学模式的应用

问题导向教学模式是一种以问题为中心的教学方法，其核心是让学生通过解决问题来学习知识和技能。在商务英语教学中，可以采用问题导向教学模式，引入真实的商务案例或情境，让学生在解决问题的过程中提升语言技能和商务素养。这种教学模式有以下特点和优势。

（一）学生参与程度高

1. 学生在问题解决过程中的积极参与

问题导向教学模式在商务英语教学中扮演着至关重要的角色，它将学生置于解决实际商务问题的情境中，激发他们的学习兴趣和主动性。通过引入真实的商务案例或情境，学生得以积极参与并假设各自的商务角色，共同探讨并解决挑战。

在这样的教学场景中，学生不再是被动接受知识的对象，而是变成了主动解决问题的参与者。他们需要运用所学的商务英语知识和技能，结合团队合作和沟通能力，从头到尾地解决一个真实的商务难题。这种情境化的学习方式能让学生更贴近实际工作环境，理解商务英语在实践中的应用，培养解决问题的能力和创新思维。

通过参与问题解决过程，学生不仅能够巩固和运用所学知识，还能培养团队合作、沟通协调、决策分析等综合技能。在解决问题的过程中，他们需要积极表达观点、提出建议、倾听他人意见并达成共识，这有助于锻炼他们的协作意识和领导能力。

问题导向教学模式还可以促进学生的自主学习和批判性思维。在解决商务问题的过程中，学生需要主动查找信息、分析数据、制定解决方案，并承担起结果的责任。他们将在实践中发现知识的重要性，激发对学习的主动性和热情，提高对商务英语学科的理解和应用能力。

2. 鼓励学生思考和讨论

在问题导向的教学模式中，教师的角色转变为引导者和组织者，不再局限于传授知识。通过提出引导性的问题，教师能够激发学生的思维，引导他们进行深入的探讨和交流，从而提升他们的学习效果和能力。在商务英语课堂上，教师可以运用开放性问题的方式，激发学生的思考，促使他们在小组讨论中共同探讨并提出解决方案。

这种教学方式对学生的发展有着重要意义。首先，通过面临开放性问题，学生被鼓励去思考、质疑和探索，从而培养其批判性思维能力。他们需要分析问题、收集信息、提出观点，并与他人交流讨论以得出结论，这一过程锻炼了学生独立思考和逻辑推理的能力。其次，通过小组讨论，学生在协作中学会倾听、表达和尊重他人意见，提高了团队合作和沟通能力。他们能够从多个角度审视问题，逐步形成自己的见解，并在讨论中相互启发，促进共同进步。最重要的是，这种教学方式培养了学生的表达能力和自信心，使他们更加乐于分享观点、展示想法，并与他人建立深入的交流和互动。

问题导向的教学模式为学生提供了一个开放的学习平台，激发了他们的学习兴趣和主动性。通过思考和讨论，学生不仅能够理解所学知识，更能够将其应用于实际问题解决中，培养出实践能力和创新思维。通过教师的引导和学生的积极参与，学生不断完善自己的学习方法和技巧，为未来的学习和职业发展打下坚实基础。

3. 引导学生主动学习

问题导向的教学模式在商务英语教学中倡导学生的主动学习，强调他们的自主性和学习能力。教师在这一教学模式下的作用不再是简单传授知识，而是引导学生发挥主动性，探索知识的更深层次。在商务英语教学中，教师可以通过提供多样化的学习资源和引导学生自主查找相关资料来激发学生的学习热情和主动性。

为了引导学生主动学习，教师可以鼓励学生利用互联网等资源，自行查找与商务英语相关的真实案例、商业新闻或市场报告等资料。通过这种方式，学生将被激发出了解实际商务环境和应用语言的意愿，使他们的学习更加贴近实际需求，具有实践性和实用性。在学生独立搜索资料后，教师可以组织课堂分享会，让学生展示并讨论他们所找到的资料，促进多方交流和思想碰撞。这种互动式的学习方式可以提高学生的学习积极性和参与度，激发他们自我学习和自我提升的动力。

通过引导学生主动学习，教师可以帮助学生培养自主学习能力和批判性思维。学生在查找资料的过程中需要筛选信息、分析数据、整合知识，这些操作可以促进学生的信息获取和处理能力。同时，学生需要借助所学知识解读和评估资料的可靠性和适用性，从而提升批判性思维和判断能力。在课堂上的互动讨论中，学生还可以从他人观点中得到启发，拓展自己的思维，提高团队合作和沟通技能。

（二）培养解决问题的能力

1. 分析商务问题并提出解决方案

问题导向的教学模式在商务英语教学中为学生提供了分析和解决商务问题的机会，有助于培养他们的批判性思维和创新能力。通过引入真实的商务案例或情境，学生需要分析问题的根源、原因和影响，并提出可行的解决方案。这种实践性学习能够让学生在真实的商务环境中体验问题解决的过程，将他们从被动的知识接受者转变为主动的问题解决者。

在商务英语教学中，教师可以设计各种商务案例或情境，例如企业市场营销、供应链管理、人力资源管理等领域的问题。学生需要通过分析相关的商业数据、市场趋势、竞争对手等，理解问题的背景和现状。然后，他们需要运用所学的商务知识和技能，结合自身的经验和判断力，提出相应的解决方案。这个过程既促进了理论与实践的结合，又培养了学生对商务环境的敏感性和分析能力。

学生在解决商务问题的过程中，不仅需要运用专业知识，还需要发展其他重要的能力。他们需要具备有效的沟通和团队合作能力，以便与他人合作解决问题。同时，解决商务问题也需要学生的创新思维和决策能力，他们需要独立思考、做出权衡，并找到最佳解决方案。这种综合能力的培养将使学生更好地适应未来职业发展的要求。

除了教师提供的商务案例，学生还可以积极参与和布局真实世界的商业项目。例如，在商务实践课程中，学生可以组成小组并选择一个真实的商业问题，然后通过调研、分析和讨论，提出解决方案并实施。这种学习方式不仅能让学生直接应用所学知识，还能锻炼他们的项目管理和合作技巧。

2. 培养有效沟通和表达能力

在问题导向的教学模式下，培养学生的有效沟通和表达能力至关重要，尤其在商务英语教学中更是必不可少。有效沟通和表达能力对于学生未来的职业发展至关重要，因为在商务领域，清晰的表达和有效的沟通能力是成功的关键之一。教师可以通过各种方式帮助学生提升这些重要的技能，其中包括角色扮演、模拟演练等实践性活动。

通过组织学生进行商务谈判的角色扮演，教师可以让学生置身于真实的商务场景中，模拟商务谈判过程。在这样的活动中，学生需要扮演不同的角色，了解每个角色的利益和立场，学会倾听、辩护、说服。通过这些互动，学生将提高自己的口头表达能力、谈判技巧以及处理冲突的能力。同时，这种实践性活动也能加深学生对商务英语用法的理解和应用，使他们更熟练地运用专业的商务术语和表达方式。

除了角色扮演，教师还可以设计情景模拟演练，让学生在模拟的工作场景中进行业务沟通和商务交流。例如，教师可以安排学生扮演不同公司部门的员工，在团队会议或商务洽谈中展示沟通和交流的能力。通过这样的活动，学生可以锻炼自己的沟通技巧、团队协作和问题解决能力，从而增强在实际工作中的综合素质。

写作训练也是提升学生表达能力的重要途径。教师可以布置商务英语写作任务，如写邮件、商业报告等，让学生通过书面表达的方式展示自己的思维和观点。通过反复练习，学生将逐渐提高英文写作的能力，增强逻辑性和表达清晰度。写作训练不仅有助于学生提升英文水平，更能为他们将来在商务领域中撰写专业文件和进行商务沟通奠定基础。

3.培养逻辑思维和批判性思维能力

在问题导向的教学模式下，注重培养学生的逻辑思维和批判性思维能力对于商务英语教学至关重要。学生在这种教学模式下被要求分析问题、提出解决方案，并对不同选项进行评估和比较。这种学习方式不仅促使学生运用批判性思维来审视问题，还激发了他们解决实际问题的能力。通过这样的学习过程，学生将获得更加全面和深入的问题解决技能，进而提高其在商务领域中的竞争力。

批判性思维是指学生能够对信息进行分析、评价并形成独立的见解的能力。在商务英语教学中，学生需要通过独立思考、探究实际案例以及展开小组讨论来培养批判性思维。通过分析真实的商务情境并提出解决方案，学生不仅锻炼了挑战现状和寻找最佳解决途径的能力，还培养了对信息的辨别能力和批判性判断力。这种训练有助于学生建立全面的思考框架，使其在面对复杂商务问题时能够客观、理性地分析，做出明智的决策和行动。

逻辑思维是指学生在处理问题、论证观点时遵循合乎逻辑的推理和结论。在问题导向的教学环境下，学生需要进行逻辑推理和思维跳跃，以确保他们的解决方案具有逻辑性和合理性。通过分析商务案例、探讨不同的商业场景，学生被促使进行逻辑推理、构建连贯的论证链条，从而培养出色的逻辑思维能力。这种训练增强了学生的思维逻辑性，使其能够清晰地组织思维、提出有力的论断，并有效地表达自己的观点。

在商务英语教学中，培养学生的逻辑思维和批判性思维能力不仅有助于他们提高问题解决能力，还能促进他们在职场中表现出色。这些关键思维能力使学生能够更好地理解商务环境、把握商机，并有效解决挑战。通过问题导向的教学模式下的训练，学生将建立起严谨的思维体系和感知模式，从而在未来的职业生涯中具备更为深入和全面的商务洞察力，为其在商业领域的发展奠定坚实的基础。因此，教师应积极引导学生运用逻辑思维和批判性思考，培养出具备商业智慧和决策力的新一代商务精英。

（三）激发学习兴趣

1.创设真实的商务情境

在问题导向的教学模式下，为了激发学生的学习兴趣和提升他们的实践能力，教师可以创设真实的商务情境。这种做法有助于学生更深入地理解商务活动的实际运作，并将所学的知识应用到实际场景中。其中一项有效的方法是邀请商务领域的专业人士来进行客座讲座。

通过邀请具备丰富商务经验的专业人士来进行客座讲座，学生能够从第一手资料中了解商务行业的实际情况。专业人士可以分享自己的工作经验、成功案例以及面临的挑战，从而帮助学生更好地理解商务环境和行业要求。这样的互动交流会让学生有机会与真实的商务界人士接触，感受到商务活动的现实性和复杂性。通过与专业人士的交流，学生会对商务活动的方方面面有更为深入地了解，同时也能够收获实践性的启发和指导。

教师还可以设计商务案例研究，让学生在模拟的商业环境中解决实际问题。这些案例可以是真实的商务事件，也可以是基于真实情境进行设计的虚拟案例。通过分析和讨论这些案例，学生能够应用所学的商务知识以及逻辑思维和批判性思维能力，解决实际的商务难题。这种实践性的学习方式有助于培养学生在真实商务环境中的决策能力和执行力。

教师还可以组织学生参观企业或组织，亲身体验商务实践。学生可以参观不同类型的公司，了解其运营模式、组织结构以及员工的工作职责。通过观察和与企业代表的交流，学生能够深入了解商业运作的实际情况，并将实践经验与所学的理论知识相结合。这样的实地参观活动能够将学生的学习与商业现实相联系，加深他们对商务领域的认识。

2. 引入多媒体资源和实践活动

在问题导向的教学模式中，引入多媒体资源和实践活动是激发学生学习兴趣和提升实践能力的重要手段。通过利用视频、图片、音频等多媒体资源，教师可以打造生动、直观的商务场景，让学生在视听之间深入了解真实的商务环境和案例。这种视听结合的学习方式不仅使学生能够身临其境地感受商务活动的真实性，还能够激发他们的好奇心和求知欲，进一步促进对商务英语学习的积极性和主动性。

通过引入多媒体资源，教师可以为学生呈现动态的商务实践情景、生动的商业案例分析以及具体的职场挑战，从而帮助学生更好地理解理论知识与实际应用之间的联系。观看商务相关的视频、听取专业人士的演讲、浏览真实企业的图片资料等形式，有助于激发学生的学习热情，提高他们对商务英语课程的投入度和学习效果。此外，多媒体资源的引入也可以增加学生的学习乐趣，提升信息传递的效率和精准度，让学习变得更加互动和生动。

另一方面，通过组织实践活动如企业参观、实地调研等，教师可以让学生亲身体验商务活动的全过程，从而促使学生将所学知识与实际操作相结合，培养其解决实际问题的能力。实践活动为学生提供了一个实践、探索、发现的平台，让他们从传统的课堂学习中走向真实的商务场景，加深对商务领域的理解和认知。通过实践活动，学生不仅能够巩固课堂所学内容，还能够培养实际应用技能、团队协作能力以及解决问题的能力，从而为未来的职业发展做好准备。

3. 鼓励学生自主探究和实践

问题导向的教学模式强调学生通过自主探究和实践来构建知识和技能。在商务英语教学中，教师可以倡导学生积极参与自主学习，为其提供适当的支持和引导，从而激发学生的学习热情和内在动力。学生在自主探究和实践的过程中，能够根据个人兴趣和需求选择适合自己的学习路径，拓展知识广度和深度，培养终身学习的态度和能力。

给予学生自主学习时间和空间是问题导向教学模式的一项重要举措。通过鼓励学生在课外自主拓展，参与商务英语角、商业模拟竞赛或其他相关活动，学生能够将课堂所学知识应用到实践中，提升商务英语能力。参与这些实践活动不仅让学生直接接触真实的商务环境和挑战，还促使他们在实践中不断提高沟通能力、团队合作能力和解决问题的能力。这样的学习方式能够有效地激发学生的学习兴趣和动力，使其在实践中不断挑战自我，实现个人成长和进步。

自主探究和实践有助于培养学生的自主学习能力和创新思维。通过自主探索和实践，学生将面临解决各种商务问题的机会，从而激发他们思维的灵活性和创造性。学生在实践中体验到成功和挫折，从而培养坚韧不拔的品质和积极应对挑战的态度。这种自主探究和实践的学习方式有助于学生建立自信心，提高解决问题的能力，培养团队协作意识，为未来的职业生涯做好准备。

二、项目驱动式学习的实践

项目驱动式学习是一种以项目为核心，通过学生团队合作完成项目任务来促进学习的教学方法。在商务英语教学中，可以采用项目驱动式学习，设计跨学科的项目任务，让学生在实践中学习语言技能、商务知识和团队协作能力。

这种教学模式的特点和优势包括以下内容。

（一）学生参与度高

1. 激发学生学习兴趣

项目驱动式学习是一种教学方法，通过将学生置于实际的项目环境中，让他们直接面对具体的问题和挑战，从而激发学生的学习兴趣和参与度。这种学习模式能够将学生从传统的课堂教学中解放出来，让他们在实际项目的情境中展开学习，从而使学习变得更加贴近生活、具有实践意义。

实际的项目环境为学生提供了一个与日常学习不同的学习体验。通过项目驱动式学习，学生需要运用课堂知识来解决实际问题，这种融会贯通的学习方式激发了学生对知识的实际运用和深入理解。由于项目本身具有挑战性和实际需求，学生在项目实践中感受到成功的成就感和克服困难的成就感，这有助于增强他们的学习动机和学习信心。

在项目驱动式学习中，学生被赋予更多的自主权和探索空间，这有利于培养学生的创造力和解决问题的能力。通过参与项目，学生需要积极主动地寻找解决方案、协作团队合作、承担责任，这些都是培养学生综合素质和实践能力的有效途径。同时，项目环境也为学生提供了与同伴互动和合作的机会，促进了他们的团队意识和沟通能力的提高。

另外，项目驱动式学习提倡学生以问题为中心，注重学生的实际操作和实践经验。在项目过程中，学生需要不断探究、实践并反思，从而形成自己的学习路径和方法，这种针对性的学习方式有利于激发学生的学习兴趣和发展学习技能。在解决实际问题的过程中，学生感受到学习的乐趣和成就，从而加深了对学习的投入和热情。

2. 个性化学习体验

项目驱动式学习注重培养学生的主动性和自主学习能力，并提供了个性化的学习体验。在这种学习模式下，学生可以根据自身的兴趣、能力和专业方向选择适合自己的项目，并在项目中扮演不同的角色。这种个性化的学习体验能够激发学生的学习热情，提高他们的参与度和学习动力。

通过参与自己感兴趣的项目，学生更容易投入其中，从而更好地学习和掌握所需的知识和技能。个性化的学习体验使学生能够在学习过程中追求自己的目标，发挥自己的优势，并在实践中不断成长和进步。学生可以根据自己的兴趣选择感兴趣的项目，这样他们将更主动地融入项目中，提高学习的积极性和效果。

在个性化学习体验中，学生还能够扮演不同的角色，如项目负责人、团队成员、领导者等。通过扮演不同的角色，学生可以培养自己的合作能力、沟通能力和领导能力。这种多角色扮演的学习方式有助于学生全面发展和综合素质的提升。通过项目中不同角色的体验，学生能够更好地理解和运用所学知识，培养实际应用能力。

个性化学习体验还能够根据每位学生的需求和学习风格进行灵活调整，满足学生的个性化学习需求。教师可以提供个别指导和支持，为学生创造良好的学习环境，激发其学习的内在动力和兴趣。通过了解学生的兴趣和需求，并针对性地设计和安排项目任务，教师能够更好地培养学生的学习动机，提高学生对学习的投入度。

3. 实践与理论相结合

项目驱动式学习的核心理念之一是将实践与理论相结合，为学生提供一个综合性的学习环境。在这种学习模式下，学生通过参与实际项目，应用所学知识和技能解决具体问题，从而将抽象的理论转化为具体的实践成果。相比传统的课堂教学，实践性学习更具吸引力和挑战性，有助于激发学生的学习兴趣和主动性。

实践与理论相结合的学习方式使学生能够在实际项目中实践所学理论知识，从而加深对知识的理解和掌握。通过面对真实的项目挑战，学生需要运用自己在课堂上学到的知识和技能来解决复杂问题，这种实际操作不仅帮助学生巩固所学内容，还促使他们在实践中思考和探索更深层次的问题。通过实践的过程，学生能够逐步理解理论知识的实际应用场景，培养扎实的专业技能和解决问题的能力。

在实践性学习中，学生不仅能够掌握理论知识，更能够培养实践能力和解决问题的能力。通过面对真实项目的挑战，学生需要展现创造性思维、团队协作精神以及解决问题的能力，这些能力对于学生未来的职业和个人发展至关重要。实践性学习不仅让学生在实际操作中学会如何应用知识，同时也锻炼了学生的实际动手能力和实践经验，使其在真实工作场景中更具竞争力。

实践性学习能够显著提高学生的学习参与度和学习效果。通过参与实际项目，学生获得的学习经验更加生动和有意义，这不仅可以激发学生对学习的兴趣，还可以使其更加投入学习过程中。实践性学习让学生直接面对实际问题和挑战，培养了学生的独立思考能力和解决问题的技巧，从而提高其学习的深度和广度。

（二）培养团队协作能力

1. 分工合作

项目驱动式学习在商务英语教学中强调学生之间的团队合作和分工协作，这种团队合作模式为学生提供了一个全新的学习方式和平台。组成跨学科的团队，学生能够通过合作完成商务项目，融合不同领域的知识和技能，实现跨界合作与创新。在项目的进行过程中，学生有机会根据自己的兴趣和专业特长选择合适的角色，并将个人能力最大化地发挥出来，从而实现有效地分工合作，共同完成项目任务。

团队合作模式的实践不仅培养了学生的协作意识和团队合作能力，还促进了学生在实践中锻炼沟通技巧、解决问题的能力以及决策能力。通过与他人密切合作，学生需要学会有效地沟通交流，协调资源分配，解决团队内部矛盾，这些都是非常宝贵的能力。同时，学生需要共同努力解决商务项目所面临的挑战和问题，这培养了学生的团队精神和责任感，同时提高了团队的整体绩效和执行效率。

另外，团队合作也能够促进学生的跨学科学习和能力发展。通过与不同背景的同学合作，学生可以拓宽自己的思维视野，学习其他领域的知识和技能，提高自己的综合能力。在团队合作中，学生需要通过互相学习、借鉴和协作，协同完成项目任务，这激发了学生的学习兴趣和动力，促使他们更主动地追求个人的成长和发展。

2. 沟通与协调

在项目驱动式学习中，沟通与协调是学生必备的重要能力。学生需要与团队成员进行频繁的沟通和协调，共同制定项目计划、分配任务、解决问题等。有效的沟通与协调能力在商务领域尤为重要，通过项目驱动式学习的实践，学生能够提高自己的沟通技巧和协调能力，为将来的职业发展打下坚实的基础。

首先，良好的沟通能力是项目团队顺利合作和高效完成任务的关键。在项目中，团队成员来自不同背景和专业领域，他们需要有效地交流和共享信息，以确保每个人对项目目标和任务有清晰地理解。沟通能力涉及表达清晰而明确的意思，倾听和理解他人的意见和观点，以及能够有效地解释和解决问题。通过与团队成员的密切沟通，学生能够提高自己的口头和书面表达能力，增强沟通的准确性和效果。

其次，协调能力对于项目团队的协作和资源管理至关重要。学生需要能够协调团队成员之间的冲突和分歧，以达成共识并实现协作目标。协调能力涉及灵活处理不同观点和利益之间的平衡，适时做出妥协和调整，为团队合作创造良好的氛围和条件。通过与团队成员的协调和合作，学生能够培养自己的团队合作精神和领导能力，提高团队的整体绩效和效率。

在项目驱动式学习中，学生还会面临不同团队成员之间的文化差异和工作风格的差异。这时，跨文化沟通和协调能力就显得尤为重要。学生需要学会尊重和理解不同文化背景下的习惯和价值观，善于跨文化交流和合作。跨文化沟通与协调能力的提高有助于学生在国际化工作环境中更好地适应和融入，为跨国商务合作提供更加全面和深入的支持。

3. 解决团队冲突

在项目驱动式学习中，由于学生来自不同的专业背景和个性特点，团队冲突可能会不可避免地发生。这些冲突可能源于不同的意见、价值观的冲突，任务分工不均衡或者对项目目标的理解不一致等。然而，学生需要学会有效地解决团队冲突，以确保团队能够达成共识并继续推动项目的进展。这种解决问题和协商的能力是商务领域所必需的，通过实践项目的过程，学生能够锻炼自己的解决问题和协商能力，提高团队的整体绩效。

首先，有效解决团队冲突的关键是营造开放且尊重的沟通氛围。学生应当鼓励团队成员表达自己的意见和观点，并倾听他人的想法。通过开放的沟通，团队成员可以更好地理解彼此的立场和期望，有助于消除误解，并寻找切实可行的解决方案。同时，学生需要尊重每个团队成员的贡献和角色，避免批评、指责或抵触，从而维护良好的团队氛围。

其次，学生需要培养解决问题和协商的技巧。当团队冲突出现时，学生应当采用积极的解决问题方法，例如分析冲突的原因、搜集相关信息、制定解决方案等。同时，学生需要具备协商的能力，能够与团队成员一起寻求共同的利益点，并妥善处理不同利益之间的平衡。通过讨论、协商和妥协，团队成员可以共同制定可行的解决方案，并达成共识。

学生还应当培养灵活性和适应性，以应对不同类型的团队冲突。不同的冲突可能需要不同的解决策略，学生需要根据具体情况采取相应的处理方式。例如，在理解不一致的情况下，学生可以通过讨论和交流来对齐各方的理解；在任务分工不均衡的情况下，学生可以进行重新分配或调整，以实现公平和效率。

（三）提升实践能力

1. 应用知识和技能

在项目驱动式学习中，学生不仅需要掌握商务英语知识和技能，更需要将这些理论知识应用到实际商务项目中，解决具体的商务问题。通过实践项目的完成，学生得以深入了解如何将学习到的知识与实际情境相结合，提高自己的实践能力和应用能力。

首先，将商务英语知识应用于实际项目中可以使学生更深入地理解和掌握所学知识。在项目过程中，学生需要运用商务英语词汇、写作技巧、口头表达能力等方面的知识，与团队成员协作，撰写商务计划、报告、邮件等文档，并进行商务演讲和谈判。通过这些实践活动，学生能够更加直观地感受到知识的应用场景，加深对知识内涵和实际运用的理解。

其次，通过实践项目的过程，学生能够提高自己的实践能力和解决问题的能力。在实际项目中，学生可能会面临各种挑战和问题，需要通过整合知识、分析情况、制定解决方案来应对。这种针对性的实践能力培养不仅加强了学生的实际操作技能，也促进了他们的创造性思维和解决问题的能力。通过实践项目，学生从抽象的理论知识转化为具体的行动实践，提高了自身的综合素质和职场竞争力。

最后，将商务英语知识和技能应用于实际项目中还能够促进学生的跨学科学习和综合能力发展。在实际项目中，学生需要综合运用商务英语知识、商业技能、团队合作能力等多方面的技能，进行商务沟通、项目管理、市场分析等工作。这种整合性的学习和实践不仅有助于加深学生对商务实践的理解，也提升了学生跨领域工作的能力和应对复杂商务环境的能力。

2. 解决实际问题

项目驱动式学习注重学生在实践中解决实际问题的能力，这一点在商务英语教学中尤为重要。通过项目驱动式学习，学生可以应用所学的商务英语知识和技能，解决具体的商务问题。例如，学生可能需要完成市场调研报告，分析市场趋势和竞争情况，为商务决策提供有价值的信息；学生还可能需要撰写商业计划书，制定商务发展策略和目标，为商业成功打下基础；此外，学生还可以参与商务谈判，处理合同、协议等商务文件，解决不同利益方之间的矛盾和问题。

这种实践性学习不仅能够加深学生对商务实践的理解，更重要的是培养学生的问题解决能力和创新能力。在实际项目中，学生面临各种商务问题和挑战，需要分析问题的本质和要素，运用所学的商务知识和技能来找到解决方案。学生需要运用逻辑思考和系统思维，进行问题的分析、整合和判断。同时，学生也需要发挥自己的创新能力，提出独特的解决方案，并有效地推进项目进展，解决商务问题。

值得注意的是，项目驱动式学习中解决实际问题还需要学生具备团队合作和沟通协调的能力。实际商务问题通常涉及多个方面，而且往往需要多个人的共同努力才能解决。因此，学生需要与团队成员密切合作，共同制定解决方案并实施。这就要求学生具备良好的沟通技巧、协调能力和团队合作精神，能够有效地与他人交流和合作。

3. 提高自主学习能力

在项目驱动式学习中，学生需要通过自主学习和自主探究来完成项目任务。这种自主学习能力的培养是商务英语教学的重要目标之一。在项目中，学生需要主动查找相关资料、深入分析问题、提出解决方案，并将其应用到实际情境中。通过这样的过程，学生能够提高自己的自主学习能力和问题解决能力，为将来的职业发展做好准备。

首先，自主学习能力使学生能够更加深入地学习商务英语知识和技能。在项目驱动式学习中，学生需要主动查找相关的学习资源和资料，通过阅读文献、参与讨论、观看视频等方式获取所需的知识。学生需要学会自主策划学习的过程和方法，确定学习的重点和目标，并制定合适的学习计划。通过自主学习，学生能够提高自己的学习效率和学习成果，更好地理解和掌握商务英语知识。

其次，自主学习能力能够培养学生的问题解决能力和创新能力。在项目驱动式学习中，学生需要面对各种商务问题和挑战，需要运用所学的知识和技能来分析、解决问题。通过自主学习，学生可以培养自己的逻辑思维、批判性思维和创造性思维，提高解决问题的能力。学生需要学会主动提问、深入分析问题、寻找多个解决方案，并进行评估和选择。通过这样的过程，学生能够培养自己的问题解决和创新能力，为将来的职业发展提供有力支持。

最后，自主学习能力还能够提高学生的学习动力和学习兴趣。在项目驱动式学习中，学生可以根据兴趣和需求自主选择和设计项目任务。学生参与其中，有较大的自主权，能够根据自己的兴趣和目标来探索和学习。这种个性化的学习方式能够激发学生的学习动力和学习积极性，提高学习效果。

第二节　商务英语实践教学与产学合作

一、实践课程设计与实施

实践课程在商务英语专业教学中扮演着至关重要的角色。通过实践课程，学生可以将所学知识应用到实际工作中去，提升他们的实践能力和应用能力。商务英语是一门实践性较强的学科，仅仅依靠课堂上的理论教学是远远不够的。实践课程的设计和实施能够让学生接触到真实的商务环境，增强他们的实践能力和解决问题的能力。

（一）实践课程设计

1. 结合商务实际

实践课程设计在商务英语专业教学中扮演着至关重要的角色，应该与商务实际密切结合，以实际商务场景和问题为基础设置相关的实践任务。通过制定具体的实践任务，如市场营销计划和贸易合同的设计，学生可以在模拟的商务环境中进行实践活动，从而深化对商务实践的理解和掌握。

在课程设计中，通过引入市场营销计划等具体任务，学生可以了解和应用市场调研、竞争分析、推广方案等商务策划的基本知识和技能。通过参与制定贸易合同等实践任务，学生能够学习到合同条款的起草、谈判技巧、风险管理等方面的实践操作，从而培养出色的商务沟通和协商能力。

实践课程设计还可以通过模拟商务谈判、国际贸易展会等实际场景，让学生应用商务英语进行口语交流和书面文件撰写，锻炼他们的实践能力和应变能力。这样的实践任务设计使学生能够更好地将理论知识转化为实际操作技能，为他们未来步入职场打下坚实的基础。

2. 提升语言表达能力

商务英语的主要目标是为商务沟通和交流提供支持，因此实践课程的设计应该注重提升学生的语言表达能力。在商务英语的实践教学中，通过演练商务谈判、撰写商务报告等实际任务，可以全面培养学生的语言运用能力，使他们能够熟练且自信地应对商务沟通的需求。

商务谈判演练是一种实践性的活动，学生可以扮演不同角色，在真实模拟的商务场景中进行角色扮演，并使用商务英语进行口头交流。这样的实践任务设计可以帮助学生提高口语表达的准确性和流利度，训练他们在商务沟通中灵活运用语言并有效地协商和沟通的技能。

同时，商务英语实践课程还应该包括对书面语言表达能力的培养。学生需要完成商务报告、商务信函等书面文件的撰写任务。这些实际任务的设计可以促使学生运用商务词汇和语法结构，清晰地表达观点、总结和分析信息，传达商务意图。通过反复地实践和教师的指导，学生可以提高语言表达的准确性、逻辑性和条理性，提升他们的书面语言表达能力。

除了实践任务的设计外，商务英语实践课程还应注重提供相应的语言培训和指导。学校可以安排专门的语言教师或商务专家为学生进行具体的语言训练，例如语音语调训练、商务词汇的学习以及语言表达技巧的提升。这样的培训将有助于学生加强语言运用的能力，并提高他们在商务英语实践中的表达水平。

（二）实践课程实施

1. 与企业合作

为了让学生更好地接触真实商务环境，商务英语实践课程可以与企业进行合作。这种合作可以采取多种形式，包括实地考察、实习或项目实践等。通过与企业的合作，学生能够亲身参与企业的商务活动，将所学知识应用于实际情境，并积累实践经验。

首先，通过与企业合作进行实地考察，学生可以深入了解企业的运营模式、市场情况以及商务管理等方面的实际情况。在考察过程中，学生可以与企业员工进行交流和学习，了解企业所面临的挑战和机遇，从而对商业运作有全面地认识。

其次，与企业合作开展实习可以让学生获得真实的工作体验。在企业实习期间，学生可以接触到实际商务工作环境，参与到实际项目中，并将在学校学到的知识和技能应用到实践中。通过实习，学生可以提高自己的实际操作能力，增加自信心，并建立起与企业的工作关系网络。

最后，与企业合作进行项目实践也是一种有效的方式。学生可以与企业合作开展具体的商务项目，如市场调研、品牌推广、跨境贸易等。通过这样的合作，学生可以接触到复杂的商务问题，并在实际操作中锻炼自己的商务分析和解决问题的能力。

最重要的是，与企业的合作可以为学生未来的就业提供有力支持。通过与企业合作，学生可以建立起与企业相关人士的联系，并增加自己的就业机会。企业合作提供了一个实际的平台，让学生展示他们的能力和潜力，同时也给了企业一个观察和评估学生是否适合其商务岗位的机会。

2. 教师的指导和反馈

在实践课程中，教师的指导和反馈起着至关重要的作用。教师应当充当学生的导师和指引者，为他们提供必要的指导和支持，帮助他们更好地应对实践任务。同时，及时地反馈和评价也是教师不可或缺的责任，通过反馈，学生可以认识到自身存在的不足之处，并有针对性地改进提升。

首先，教师在实践课程中扮演着引导学生学习的关键角色。教师应该指导学生如何有效地应用课堂所学知识于实践任务中，引导他们理清思路、制定计划，并培养解决问题的能力。在实践活动进行过程中，教师可以根据学生的实际表现提供个性化的指导，在学生遇到困难时给予帮助和建议，激发学生的学习积极性和主动性。

其次，教师的反馈和评价对学生的成长和提高至关重要。通过及时的反馈，学生可以了解到自己在实践中的优点和不足，从而有针对性地调整和改进。教师应该客观公正地对学生的表现进行评价，指出他们在实践中的亮点和需要改进之处，鼓励并帮助他们不断进步。

教师还应该鼓励学生主动参与实践活动，培养他们的自主学习能力和问题解决能力。通过让学生参与到实际的商务案例分析、团队合作项目中，教师可以促使学生独立思考、勇于探索，培养他们解决问题的能力和创新意识。

二、产学合作项目案例分析

产学合作项目是商务英语教学中的重要形式之一，通过与企业或行业组织开展项目合作，可以使学生更好地了解行业需求和发展趋势，培养他们的实际操作能力和解决问题的能力。案例浅析了产学合作的创新创业人才培养模式，以商务英语专业为例探究了基于产学合作的创新创业人才培养模式改革策略，以期为我国创新创业人才培养模式改革提供借鉴。

（一）产学合作的创新创业人才培养模式概述

产学合作的创新创业人才培养模式是一种新型的人才培养教育模式，主要通过产业部门、企业单位与高等学校的交流合作来培养具备创新创业能力的人才。该模式旨在强调对学生创新创业精神的培养，并注重实践应用和职业需求，要求以市场经济对人才具体需求为导向。在产学合作的创新创业人才培养模式中，企业起到了主体地位，充分发挥市场经济资源的优势，为学生提供实践机会与就业基础。[1]

该模式的核心在于构建一个良好的产学合作的教学环境。高校内部应积极营造有利于产学合作的氛围，为学生提供学习商务英语语言知识和实践应用的条件。同时，借助国际商务相关企业的资源优势，为商务英语专业学生提供实习机会，使学生能够将所学知识与实际工作相结合。国际商务相关企业可以全程参与商务英语专业学生的培养过程，并根据企业职业需求有针对性地培养学生的实践技能。

产学合作的创新创业人才培养模式有效地整合了高校教育资源和企业社会资源优势，既注重商务英语专业学生的理论知识教学，又强调实践能力培养。这种模式更加突出了对商务英语专业学生创新创业精神的培养，帮助他们提升就业竞争力，满足社会对商务英语专业人才的需求。

该模式的实施需要高校和企业共同努力，通过有效的合作机制与沟通渠道，

---

1 祝嫦鹤，郭文琦. 基于"工匠精神"的高职"双创"人才培养模式探究——以东莞职业技术学院商务英语专业为例 [J]. 开封教育学院学报，2017，37（3）：167-168.

实现资源的共享与互补。高校需要加强与企业的合作，了解市场需求，调整教学内容和方法，使学生的学习经历与职业需求相匹配。企业也需要积极参与到学生的实践教学中，提供实战平台与指导，帮助学生将理论知识转化为实践能力。同时，政府应当提供相应的政策支持，鼓励产学合作，为其提供良好的发展环境与机制。

（二）产学合作的创新创业人才培养模式改革策略

1. 制定商务英语人才培养目标

商务英语人才培养的目标应当立足于社会的实际需求和相关职业要求，旨在培养具有良好创新创业精神和高素质的职业商务英语应用型专业人才。[1] 商务英语专业学生的培养目标应包括多方面内容：首先，学生需要具备基本的英语口语能力，能够流利、自信地进行英语口语交流，熟练掌握标准的英语口语技能，从而能够胜任国际商务领域的各种活动。其次，商务英语专业学生应深入了解并熟练掌握现代商业信息处理的相关技术，包括计算机网络技术等，以确保能够适应国际商务前沿的发展趋势。

另外，学生应具备组织协调能力和出色的公关交际能力，使其能够在国际商务环境中高效地开展商务活动并与各方合作伙伴进行有效沟通。具备良好的组织协调能力不仅能够提高工作效率，还能够完善商务活动的每一个细节，确保各项任务顺利完成。同时，优秀的公关交际能力有助于建立和维护良好的商务关系，为企业及个人赢得更多商机。此外，商务英语专业学生还应具备商务英语全面综合能力，能够流畅地进行英语听、说、读、写以及翻译工作。这种综合能力不仅使学生能够在不同场景下自如表达，还能够准确理解和传达商务信息，提高工作效率。

2. 对商务英语课程设置进行优化

在优化商务英语课程设置方面，需要深化传统教学模式的改革，以更好地培养商务英语专业学生的创新创业精神和综合实践能力。[2] 课程设置的优化可分为基础类、专业类和综合应用类课程三个方面。首先，在基础类课程方面，学生将学习商务英语的基本语言知识和国际商务相关理论知识，打下坚实的基础。其次，

---

1 俞晓霞. 高职商务英语专业工学结合人才培养模式研究——以商务英语专业创业创新班为例 [J]. 科技资讯，2009，（35）：226-227.

2 孟杨. 产学研用合作的人才培养模式研究——以商务英语专业人才培养为例 [J]. 林区教学，2016，（1）：9-10.

在专业类课程中，学生将进一步深入学习商务英语专业领域的知识，如商务沟通、贸易实务等，以增强专业素养和应用能力。

最后，在综合应用类课程中，学生可以巩固已掌握的知识，提高综合运用能力，同时检验对商务英语和国际商务的理解和应用能力。商务英语专业教师在教学过程中应鼓励和指导学生积极参加商务英语相关的职业资格认证考试，如全国国际商务英语证书等，以提升学生的职业竞争力和就业前景。这一举措有助于学生将所学知识应用于实际工作中，培养出色的实践技能，使他们更具备市场竞争力。

课程设置的优化还应加强理论与实践的有机结合，注重培养学生的创新意识和实际操作能力。商务英语课程应该贴近实际商务场景，引入案例分析、模拟实践等教学方法，激发学生的创新思维和解决问题的能力。通过与企业合作、实习实践等活动，学生将有机会将所学知识应用到真实的商务环境中，提升实际操作技能和团队合作能力。

3. 提高商务英语师资教学水平

为提高商务英语专业教师的教学水平，高校需要注重培训和招聘具备商务英语教学经验丰富、国际商务相关知识较为熟悉的专业教师。教师应该深入了解商务英语文化，掌握商务英语语言教学技巧，并熟悉国际商务领域的相关知识。在商务英语教学过程中，教师应能有效结合英语语言知识教学和国际商务相关知识教学，确保学生全面发展。[1]

当前，高校商务英语专业教师来源多样，部分教师以普通英语教学出身，掌握良好的语言教学技能但缺乏国际商务知识；另一部分教师以国际商务教学出身，了解商务知识但英语语言教学技能有待提高。这种情况影响了商务英语专业的教学质量，因此高校需要采取有效措施改善现状。

高校可通过提供丰厚的薪资待遇来吸引素质高、商务英语专业教学经验丰富的教师加入，提高整个教师队伍的素质水平。同时，高校应加强对现有教师的教育培训，培养其英语教学技能和国际商务相关知识。培训内容应涵盖英语语言、商务文化和国际商务实务等方面，提升教师的综合素养。

另外，高校还可以邀请国际商务企业的经营管理者来校进行演讲和讲座，

1　杜艳红 . 校企合作下人才培养模式改革的必要性——以高职商务英语专业为例 [J]. 江西电力职业技术学院学报，2015，（1）：39-42.

为学生和教师提供更多实际案例和经验分享。这样的活动不仅可以促进学生创新创业精神的培养，也可以帮助教师更好地了解实际商务运作，并将这些经验应用到教学实践中，提高教学质量和学生成绩表现。

4. 构建商务英语实习训练基地

为促进商务英语专业学生实践应用能力的提升，高校需要积极构建商务英语实习训练基地。这种基地不仅可以弥补传统教学模式中对实践教学的不足，还可以为学生提供更真实的商务活动体验，并有效增强他们的实践工作能力。构建商务英语实习训练基地的过程中，高校应加大资金投入，改善相关硬件设施，确保基地的实习训练环境能够全面模拟国际商务企业的日常工作情景。

同时，高校还需要制定科学合理的实习训练制度，以规范实习过程，指导学生有效参与，并从中获得最大化的收益。与此同时，高校应积极与国际商务相关企业展开交流合作，共同打造商务英语实习训练基地，从而为学生提供更贴近实际的实习机会和学习环境。

商务英语实习训练基地应当构建一个真实逼真的国际商务工作环境，为学生提供展示和应用商务英语知识的平台。在这个基地中，学生可以模拟国际商务企业各办公部门的日常工作流程，开展各种商务活动，如国际商务洽谈、商务合约签订等，锻炼他们的实践能力和沟通技巧。另外，高校还应加强与企业的紧密对接，将优秀学生送往相关企业进行实习，让他们亲身参与各类国际商务活动，积累实践经验，提升实际工作能力。[1]

第三节　技术手段在商务英语教学中的应用

一、多媒体教学技术的运用

多媒体教学技术在商务英语教学中具有重要的作用，可以通过图片、视频、音频等多种形式呈现商务场景和案例，激发学生的学习兴趣，提高他们的学习效果。教师可以利用多媒体教学技术设计丰富多彩的教学资源，如商务英语课件、网络课程等，为学生提供更加生动、直观的学习体验。

1　王冕. 校企合作下的高职商务英语专业——"行业先导"人才培养模式创新思路与实施 [J]. 吉林省教育学院学报：学科版，2011，27（2）：9-10.

（一）多媒体技术与商务英语教学相结合的必要性

近年来，商务英语专业人才的需求量迅速增长。这种变化离不开经济全球化的推动，商务英语作为一门特殊用途的英语，被广泛应用于国际贸易，促进国际商业活动的运作和发展。随着现代科技的发展，世界经济与现代科技已经形成了密不可分的关系，特别是计算机在金融、贸易等行业的重要地位。因此，结合多媒体技术进行商务英语教学具有重要的必要性。

首先，商务英语教学借助多媒体技术可以丰富教学内容。传统的商务英语教学常常通过笔记和教材进行，但这种方式可能过于抽象和单一。而借助多媒体技术，教师可以使用图文并茂的演示软件、影音材料，呈现实际的商务场景、案例和视频，使学生更加直观地理解和掌握商务英语的实际运用。

其次，多媒体技术能够提高学生的学习兴趣和参与度。现代学生对多媒体技术更加熟悉和喜爱，他们习惯于通过图像、视频和交互式内容获取知识。将多媒体技术应用于商务英语教学中，可以激发学生的学习兴趣，提高他们的参与度和积极性。通过与学生互动的教学模式，学生能够更好地理解和吸收所学的知识。

最后，多媒体技术与传统商务英语教学方法的结合可以提升教学质量。多媒体技术可以提供更加直观、生动和灵活的教学手段，使学生能够更加深入地了解商务英语的实际运用。通过多媒体教学，教师能够更好地引导学生进行案例分析和实践操作，培养他们的实际运用能力和问题解决能力。这种创新的教学模式也能培养学生的自主学习能力，使他们更好地适应未来的职业发展需要。

（二）多媒体环境下商务英语教学的创新

1. 多媒体教学模式完善口语课教学途径

在商务英语口语教学中，多媒体教学模式可以为学生提供更加直观、生动的学习信息。教师可以通过多媒体设备展示实际的商务场景，并邀请口语水平较高的学生进行口语示范，激发其他学生的学习积极性。这种方式不仅让学生更贴近实践，也有助于提高他们的口语表达能力和自信心。同时，教师在多媒体教学支持下，可以对学生的口语练习进行实时辅导和反馈，帮助他们提升口语水平。

多媒体技术的运用还可以改变传统口语课堂的氛围，使学生成为口语课程的主角。通过多媒体展示相关商务英语对话、情景模拟等活动，学生不仅可以听、说、读、写相结合地进行学习，还能够在实际操作中更好地理解和掌握商务英语口语技巧。教师在此过程中扮演引导者和指导者的角色，鼓励学生积极参与口语练习，创造出良好的语言学习氛围。

教师利用多媒体教学模式，可以为学生提供丰富多样的口语练习材料，包括视频素材、录音资料等。通过反复练习和模仿，学生可以更快地提高口语表达能力，并逐步培养自己的商务英语口语应用能力。同时，教师还可以借助多媒体技术对学生的发音、语调进行精准纠正，从而帮助他们培养流利、准确的商务英语口语表达能力。

2.通过多媒体教学技术改进听力方法

多媒体技术在商务英语听力教学中的运用，可以为学生打造更加丰富多样的听力训练环境。教师可以通过多媒体设备播放商务电话、演讲、会议录音等真实情景素材，让学生接触不同语速、口音的听力内容，提高他们的听力水平和适应能力。

利用多媒体技术，教师可以扩展商务英语听力内容，引入相关的知识背景和行业信息，帮助学生更好地理解听力材料。通过多媒体的视听效果，学生可以对所学知识在实际工作领域中的应用有更为清晰地认识，从而加深对内容的理解和记忆。

在商务英语听力训练过程中，教师可以组织学生分组进行听力材料的深度分析和讨论。通过小组互动，学生可以互相交流思考并共同解决听力理解中遇到的难题，培养他们的团队合作和问题解决能力。同时，教师也可以针对各组的不足之处给予及时的指导和建议，帮助学生不断提升听力水平。

3.利用多媒体进行模拟谈判设立网上讨论课

多媒体技术为商务英语教学带来了全新的模拟谈判形式。教师可以借助多媒体设备模拟商务谈判场景，让学生扮演不同角色进行谈判演练。通过真实情境的模拟，学生可以锻炼自己的谈判技巧和沟通能力，提高应对商务谈判挑战的能力。

设立网上讨论课是利用多媒体技术的另一种创新方式。通过在线平台，教师可以组织学生进行贸易领域相关议题的网络讨论。学生可以分享资讯、提出见解，并展示解决问题的方案，促进学生的商务英语应用能力和独立思考能力。这种互动式的教学方式有助于调动学生学习兴趣和积极性，培养他们的团队合作和问题解决能力。

通过模拟谈判和网上讨论课，教师可以为学生提供更多实践机会，引导他们在真实情境中应用商务英语知识和技能。模拟谈判和网络讨论课旨在促进学生的独立思考和团队合作能力，培养他们解决问题、提出解决方案的能力，进而为未来的职业发展做好准备。

二、在线教学平台的构建与应用

随着网络技术的发展，建设和利用在线教学平台成为商务英语教学中的一项重要举措。通过在线教学平台，可以实现教学资源的集中管理和共享，提供课程内容、学习资料、交流讨论等功能，为学生提供灵活、便捷的学习环境。

（一）在线教学平台的构建

1.技术基础与平台架构

在线教学平台的构建必须以先进的网络技术和教学管理系统为基础。

首先，该平台需要建立在稳定的网络环境之上，确保教学资源能够以流畅的方式传输，同时保障在线学习的稳定性和可靠性。这包括对网络带宽、速度和连接的全面考量，以满足用户在不同时间、不同地点的访问需求。为此，平台必须借助先进的网络技术，如内容分发网络（CDN）和负载均衡技术，以提高资源的传输速度和可用性。

其次，在线教学平台的架构设计至关重要。这种架构应该是一个多功能且灵活的系统，具备用户管理、课程管理、资源管理和交流互动等功能模块。用户管理模块包括学生、教师和管理员等用户的注册、登录、权限管理等功能，保障用户信息的安全性和个性化服务。课程管理模块则应能够支持课程的创建、编辑、发布和管理，包括课程设置、排课安排、课程评价等功能，以便教师和管理员有效地组织和管理教学活动。资源管理模块则包括教学资料、课件、视频、作业等资源的存储、管理和分享，确保学习资源的丰富性和易于获取性。最后，交流互动模块应提供讨论区、在线答疑、实时聊天等功能，促进师生之间、学生之间的互动与交流，为学习者提供更加丰富、高效的学习体验。

在构建平台架构时，还需考虑到系统的可扩展性和可定制性。平台应具备

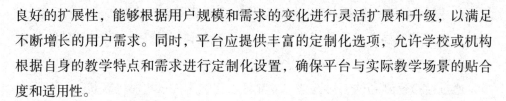

良好的扩展性，能够根据用户规模和需求的变化进行灵活扩展和升级，以满足不断增长的用户需求。同时，平台应提供丰富的定制化选项，允许学校或机构根据自身的教学特点和需求进行定制化设置，确保平台与实际教学场景的贴合度和适用性。

2. 课程内容与学习资源

在线教学平台作为商务英语教育的核心载体，必须提供丰富多样的课程内容和学习资源，以满足学生的学习需求和提高他们的学习效果。在商务英语专业的在线教学平台上，课程内容应该涵盖商务实践的各个方面，旨在培养学生的商务英语综合能力。这包括商务英语听说读写等各项基本技能的训练，以及商务沟通技巧、跨文化交际等专业知识的学习。

首先，课程内容应该针对商务英语学习的不同方面进行设计。商务英语是一门实用性强的语言，因此课程内容应该包括商务英语听说读写等各项基本技能的训练。听力训练可以帮助学生提高听懂商务会议、电话沟通等能力；口语训练可以提升学生的商务演讲、谈判、会议交流等口头表达能力；阅读和写作训练则可以加强学生的商务文件处理、报告撰写、邮件沟通等书面表达能力。通过系统地训练，学生能够全面提升商务英语应用能力，为将来的职业发展做好准备。

其次，课程内容还应该涵盖商务沟通技巧和跨文化交际等专业知识。商务英语不仅仅是语言学习，更是一门跨学科的学科，涉及商务管理、国际贸易、跨文化交流等多个领域。因此，在线教学平台上的课程内容应该包括商务沟通技巧、商务礼仪、商务谈判、跨文化沟通等内容，帮助学生了解不同文化背景下的商务惯例和礼仪规范，提高跨文化交际的能力和水平。

除了丰富多样的课程内容外，在线教学平台还应提供丰富的学习资源，以辅助学生的学习。这些学习资源包括但不限于教材电子版、学习指南、案例分析、视频教程等。教材电子版可以方便学生随时随地获取课程内容，进行复习和预习；学习指南则可以为学生提供学习的方向和方法，帮助他们制定学习计划和提高学习效率；案例分析可以帮助学生将理论知识与实际情境相结合，提升解决问题的能力和实践能力；视频教程则可以生动形象地展示商务实践场景，帮助学生更直观地理解和掌握商务英语知识和技能。

3. 交流互动与学习评价

在线教学平台作为教学和学习的重要工具，应该提供丰富多样的交流互动功能，以促进师生之间的互动和学生之间的交流，从而增强学习的有效性和互动性。

首先，平台可以设立讨论区，为学生提供一个共享和交流意见的平台。在讨论区中，学生可以就课程内容、学习体会、个人见解等进行讨论和交流，从而增强学习的深度和广度。此外，还可以设立在线答疑功能，让学生在学习过程中遇到问题时能够及时得到解答，促进学习的顺利进行。

其次，除了讨论区和在线答疑功能外，平台还应该配备实时聊天功能，以便学生和教师之间能够及时进行沟通和交流。通过实时聊天，学生可以向教师咨询问题、寻求建议，而教师也能够及时回复学生的提问，帮助他们解决学习中的困难。这种实时的交流互动方式能够加强师生之间的联系，提高教学效果。

最后，平台还应该配备学习评价和反馈系统，以帮助教师了解学生的学习情况，并及时调整教学策略。学习评价和反馈系统可以通过学生的学习表现、作业成绩、在线测试结果等数据来评估学生的学习情况，为教师提供客观的反馈信息。基于这些信息，教师可以对教学内容、教学方法进行调整和优化，以更好地满足学生的学习需求，提高教学效果。此外，学习评价和反馈系统还可以为学生提供个性化的学习建议和指导，帮助他们更好地规划和实施学习计划，提高学习效率和成效。

（二）在线教学平台的应用

1. 课程设计与教学实践

在线教学平台的应用必须与课程设计和教学实践相结合，以实现教学目标和提高学习效果。教师在利用平台时，应充分利用平台上丰富的资源和工具，设计符合商务英语专业特点和教学目标的课程内容。

首先，教师应该设计具有针对性和实践性的课程内容。商务英语专业的课程应该紧密结合商务实践，围绕商务沟通、商务文书、商务谈判等方面展开教学。教师可以根据学生的学习需求和实际情况，设计课程大纲和教学计划，明确教学目标、教学内容和教学方法。在课程设计过程中，教师应该充分考虑学生的学习背景和水平，合理安排教学内容和学习任务，确保课程的系统性和完整性。

其次，教师可以利用在线教学平台进行课堂录制和直播，实现教学资源的时空跨越，满足学生异地学习的需求。通过课堂录制和直播，教师可以将课堂内容记录下来，并通过平台进行发布，供学生随时随地观看。这种方式不仅可以解决学生因时间和空间限制而无法参与课堂的问题，还可以方便学生进行复习和回顾，加强学习效果。同时，教师还可以通过直播的方式进行实时教学，与学生进行互动和交流，提高教学的灵活性和互动性。

除了课堂录制和直播外，教师还可以利用在线教学平台进行课件制作和教学资源的发布。通过平台上的课件制作工具，教师可以制作丰富多样的教学课件，包括文字、图片、视频等多种形式，以增强教学内容的吸引力和可视化效果。同时，教师还可以将教学资源，如教材电子版、学习指南、案例分析等，上传到平台上进行发布，供学生在线获取和学习使用。

2. 学习支持与个性化指导

在线教学平台的应用不仅可以为学生提供丰富多样的学习资源，还可以为他们提供学习支持和个性化指导，从而提高学习效果和学习体验。

首先，学生可以在平台上随时随地获取课程内容和学习资源，实现自主学习和自主探究。通过平台，学生可以轻松地浏览课程资料、观看教学视频、参与在线讨论等，以满足他们的学习需求。这种灵活的学习方式不仅方便了学生的学习，还能够激发他们的学习兴趣，提高学习的积极性和主动性。

其次，教师可以通过平台对学生的学习情况进行跟踪和评估，为他们提供个性化的学习建议和指导。在线教学平台配备了学习评价和反馈系统，可以根据学生的学习表现和成绩，对其学习情况进行全面评估。教师可以根据评估结果，为学生提供针对性地学习建议，指导他们制定学习计划，解决学习中的困难和问题。例如，针对学习成绩较差的学生，教师可以提供额外的辅导和指导；对于学习能力较强的学生，可以提供更深入的学习任务和挑战性的作业。这种个性化的指导方式能够更好地满足学生的学习需求，提高学习效果和学习满意度。

除了针对学生的学习情况进行个性化指导外，教师还可以通过在线教学平台与学生进行一对一的沟通和交流，解答他们的疑问，帮助他们解决学习中的问题。通过平台上的在线答疑功能、实时聊天功能等，学生可以随时向教师提出问题,而教师也可以及时回复学生的提问,为他们提供必要的帮助和支持。这种实时的沟通方式能够增强师生之间的联系,建立良好的师生关系,提高学生的学习体验和学习效果。

3. 实践活动与项目任务

在线教学平台的应用不仅可以促进学生的理论学习,还可以通过实践活动和项目任务的开展,提高学生的实践能力、解决问题的能力以及团队合作能力。

首先,教师可以通过平台组织各种实践活动,例如商务案例分析、模拟演练、商业项目设计等。这些实践活动可以帮助学生将所学的理论知识应用到实际情境中,加深对商务实践的理解和掌握。通过分析真实的商务案例,学生可以了解商业环境中的挑战和机遇,培养他们的分析思维和问题解决能力。同时,通过模拟演练和商业项目设计,学生可以模拟真实的商务场景,锻炼他们的沟通协作能力和创新思维,为将来的职业发展做好准备。

其次,教师还可以利用在线教学平台发布商务项目任务,组织学生分组合作,共同完成项目任务。通过项目任务,学生可以在实践中学习、在实践中探索、在实践中提升。教师可以根据课程内容和学生的学习水平设计不同类型的项目任务,例如市场调研、商业计划书编写、产品推广策划等,以满足学生的学习需求和提高他们的实践能力。在项目任务的过程中,学生需要分工合作、共同解决问题,这有助于培养他们的团队合作能力和领导能力。同时,学生还可以通过项目任务的完成,感受到成功的喜悦和失败的挫折,提高自我管理和自我调节能力,增强抗压能力和创新能力。

第五章　基于复合型人才培养的商务英语专业教学实践研究

第一节　商务英语专业听力与口语教学

一、实用场景模拟教学的设计与实施

（一）实用场景设计

1. 商务会议

设计商务会议场景是商务英语教学中重要的一环。在这样的场景中，学生可以模拟真实的商务会议情景，从而提高他们在商务会议中的语言应用能力和沟通技巧。在设计商务会议场景时，首先需要确定会议的议程和主题，这可以包括讨论的议题、会议的目的以及参与者的角色。例如，一个典型的商务会议可能涉及公司业绩分析、市场策略讨论、新产品发布等内容。

在商务会议的场景中，学生需要扮演不同的角色，如会议主持人、演讲者、参与者等，以模拟真实商务环境中不同角色的表现和沟通方式。在这个过程中，学生将学习到商务会议中常用的词汇和表达方式，例如表达意见、提出建议，就某个议题展开讨论等。同时，学生还将学习商务会议中的礼仪规范，如尊重他人意见、注意听取他人发言、礼貌回答问题等，这些都是在商务环境中非常重要的沟通技巧。

通过设计商务会议场景，学生不仅可以提高他们的语言应用能力，还可以锻炼他们的团队合作能力和问题解决能力。在商务会议中，学生需要与他人合作、协商并共同达成决策，这有助于培养他们的团队意识和领导能力。此外，商务会议往往涉及解决实际问题和制定具体计划，学生在模拟会议中可以积极

参与讨论、提出解决方案，从而提高他们的问题解决能力和创新思维能力。

2. 电话谈判

电话谈判在商务沟通中占据着重要的地位，而模拟电话谈判场景则是商务英语教学中一种非常有效的教学方法。通过模拟电话谈判，学生可以在真实的情境中练习电话沟通和谈判技巧，提高他们在商务环境中的应变能力和沟通效果。

在设计电话谈判场景时，教师可以结合真实的商务案例或情境，设置不同的角色和任务，以便学生能够在模拟中扮演不同的角色，例如销售员、客户服务代表、采购经理等，从而使学生能够体验到不同角色之间的沟通挑战和交流需求。同时，教师可以准备录音材料作为模拟电话谈判的素材，让学生在课堂上进行听力训练和口语练习，通过模仿录音中的对话进行角色扮演，并进行实时的反馈和指导，帮助学生改进沟通技巧和表达能力。

教师还可以安排学生在课外进行实时电话模拟练习，让他们在真实的情境中进行电话交流，并收集实际反馈和经验。在这种情况下，学生将有机会面对真实的挑战和问题，并学会灵活应对，提高他们的应变能力和自信心。同时，教师可以通过录音或视频记录学生的电话谈判过程，并进行后续的评估和指导，帮助他们发现问题并改进表现。

3. 销售演示

销售演示是商务英语教学中一个重要的环节，通过设计销售演示场景，可以有效地帮助学生锻炼自己的演讲能力、说服技巧和客户沟通能力，从而提高他们在商务销售领域的表达能力和实际操作能力。

在设计销售演示场景时，教师可以结合实际的商务案例或情境，设置学生需要销售的产品或服务，明确演示的目的和目标客户群体。演示过程可以包括以下几个关键步骤：

首先，学生需要进行产品或服务的介绍，包括产品的特点、优势、功能以及解决的问题等。他们需要清晰地表达产品或服务的核心价值和竞争优势，吸引目标客户的注意力。

其次，学生需要进行客户需求分析，了解客户的需求和关注点，以便针对性地提出解决方案。这涉及学生对客户的提问和倾听，从而更好地了解客户的需求，为后续的销售演示做好准备。

再次，学生需要展示销售技巧，包括如何利用产品或服务的特点和优势，满足客户的需求并促成交易。他们可以通过案例分析、数据展示、实际操作等方式，向客户展示产品或服务的价值，并引导客户做出购买决策。

最后，学生需要进行总结和回顾，强调产品或服务的核心优势，并提供后续的支持和服务。他们可以与客户进行沟通和反馈，建立良好的客户关系，为未来的业务合作奠定基础。

在销售演示场景的实施过程中，教师可以为学生提供指导和反馈，帮助他们改进表达方式和销售技巧。同时，通过录像和评估，学生可以及时了解自己的表现，并不断改进和提高。

4. 客户服务

模拟客户服务场景在商务英语教学中扮演着重要的角色。通过这种模拟，学生能够扮演客户服务代表，处理各种客户的咨询、投诉和建议，从而提高他们的客户沟通能力、问题解决能力和服务态度。

在设计客户服务场景时，教师可以根据真实的商务案例或情境设置不同类型的客户情境。例如，学生可以扮演电话客服人员，接听客户的电话咨询和投诉；或者扮演在线客服人员，处理客户的在线消息和邮件；还可以模拟面对面客户服务，处理客户的现场问题和需求。通过这些不同类型的场景，学生可以全面地锻炼自己的客户服务技能，并逐步提高在各种情境下的应变能力和服务水平。

在实施客户服务场景时，教师可以为学生提供相关的背景资料和角色设定，让他们更好地理解和扮演客户的角色。学生需要积极倾听客户的需求和问题，并给予及时、专业地回应和解决方案。在模拟过程中，教师可以扮演客户或观察员的角色，进行实时的反馈和评价，指导学生改进沟通技巧和服务态度。同时，学生也可以相互之间进行角色扮演和反馈，共同提高彼此的表现水平。

通过模拟客户服务场景，学生不仅可以提高自己的语言表达能力和沟通技巧，还可以培养解决问题的能力和团队合作精神。他们将学会如何处理各种复杂的客户情况，如何有效地解决客户的问题，并建立良好的客户关系。

（二）教学实施方法

1. 录音材料模拟

教师利用录音材料模拟商务场景是商务英语教学中的一种常用而有效的教学方法。通过准备各种商务场景的录音材料，例如商务会议的录音、电话谈判的录音等，学生可以在听力练习中模拟商务情境，从而提高他们的听力理解能力和语言应用能力。

在准备录音材料时，教师可以根据不同的商务场景和教学目标选择合适的内容。例如，商务会议的录音可以包括会议议程、讨论内容、决策过程等，让学生通过听取录音了解商务会议的基本流程和语言表达方式。电话谈判的录音可以包括电话接听、信息传递、谈判技巧等内容，让学生通过模拟电话对话来练习商务谈判的语言应用和沟通技巧。

在实施听力练习时，教师可以结合课堂教学或自主学习，让学生听取录音材料，并进行听后练习和讨论。学生可以在听力过程中，注意录音中的关键信息，如关键词、核心观点、主要论点等，并进行记录和整理。随后，教师可以组织学生进行听力理解的小组讨论或课堂互动，共同分析录音内容，讨论商务情境下的应对策略和沟通技巧。

教师还可以结合多媒体技术，将录音材料与相关的图片、文字或视频进行配合，提供更加丰富和生动的学习资源。通过多种感官的刺激，学生可以更好地理解商务情境，提高他们的听力理解和语言应用能力。

2. 角色扮演活动

角色扮演活动是商务英语教学中一种富有趣味和实效性的教学方法。通过设计不同的商务场景和角色，教师可以让学生在仿真的环境中进行口语交流和沟通练习，从而提高他们的口语表达能力和沟通技巧。

在设计角色扮演活动时，教师可以选择多样化的商务情境，如商务会议、客户服务、销售演示、跨文化交流等，以满足不同学习需求和教学目标。例如，在商务会议场景中，学生可以扮演会议主持人、发言人、与会代表等角色，进行会议议程安排、主题发言、讨论交流等活动；在客户服务场景中，学生可以扮演客户服务代表、客户经理等角色，处理客户的咨询、投诉和建议，提供专业的解决方案和服务；在销售演示场景中，学生可以扮演销售代表、客户等角

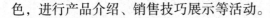

色，进行产品介绍、销售技巧展示等活动。

在实施角色扮演活动时，教师可以为学生提供相关的角色说明和情境背景，让他们更好地理解和扮演角色。学生需要积极参与角色扮演，运用所学的商务英语知识和技能，进行实际的口语交流和沟通。同时，教师可以在角色扮演过程中提供指导和反馈，帮助学生改进口语表达和沟通技巧。

3. 多媒体展示

利用多媒体技术展示真实的商务场景视频是商务英语教学中一种高效而生动的教学方法。通过这种方式，教师可以向学生展示真实的商务活动情景，让他们观察和分析商务环境中的语言使用情况和沟通技巧，从而更加深入地理解商务领域的语言应用规范和技巧。

在利用多媒体展示商务场景视频时，教师可以选择与商务实践密切相关的视频素材，如商务会议、客户谈判、销售演示等。这些视频可以来源于真实的商务活动录像或专业制作的商务教学资源。教师可以在课堂上播放这些视频，让学生观看商务活动的实际情景，并引导他们从中获取商务交流中的语言特点、表达方式和沟通技巧。

在观看视频的过程中，教师可以通过暂停和回放等操作，重点展示商务活动中的关键场景和语言表达，引导学生对其中的语言细节和沟通技巧进行分析和讨论。学生可以通过观察商务从业者在实际情境中的表现，学习到有效的语言应用策略和沟通技巧，并将其应用到自己的语言实践中。

教师还可以结合课堂讨论和案例分析，进一步加深学生对商务场景视频的理解和应用。通过与学生的互动讨论，教师可以引导他们从不同角度和层面进行思考，探讨商务活动中的语言现象和沟通策略，培养他们的批判性思维和专业素养。

4. 实时反馈与讨论

在商务英语教学中，实时反馈与讨论是促进学生学习和提高语言能力的重要环节。在模拟场景的实施过程中，教师扮演着关键的角色，应该及时给予学生反馈，并组织他们进行讨论和分享。

实时反馈是指在学生参与模拟场景活动的过程中，教师及时对学生的表现进行评价和指导。教师可以通过观察学生的语言表达、沟通技巧和角色扮演能力，提供针对性地反馈，指出学生的优点和不足之处，并提出改进建议。这种实时的反馈可以帮助学生及时发现和纠正错误，提高他们的语言应用能力和沟通技巧。

除了教师的反馈外，学生之间的讨论和分享也是非常重要的。通过与同伴的交流和讨论，学生可以相互学习、借鉴对方的经验和观点，从而拓宽自己的视野和思维。在讨论和分享的过程中，学生可以分享自己的体会和感悟，探讨商务活动中的语言应用规范和沟通技巧，共同探讨解决问题的策略和方法。这种交流与互动不仅有助于学生加深对商务英语的理解，还可以增强他们的团队合作意识和学习动力。

教师在组织实时反馈和讨论时，应该注意营造良好的学习氛围，鼓励学生敢于表达自己的观点和想法，尊重每个人的意见，激发学生的学习热情和参与度。同时，教师也应该灵活运用不同的教学方法和策略，根据学生的实际情况和需求，精心设计和组织模拟场景活动，最大限度地促进学生的学习和成长。

二、个性化口语训练的方法探索

在商务英语专业中，口语能力是学生必备的重要技能之一，而个性化口语训练则更加注重学生的个体差异和特点。针对每个学生的口语水平、学习目标和需求量身定制训练计划。这种训练方法有助于提高学生的口语表达能力、自信心和应变能力，更好地适应商务工作中的交流环境和挑战。

（一）个性化口语训练的方法

1.评估学生口语水平

评估学生口语水平是商务英语专业教学中至关重要的一环。口语能力的评估应该全面而系统，覆盖语音、语调、流利度、词汇运用等多个方面。首先，语音是口语表达的基础，教师需要评估学生的发音准确性、语音连读和语调变化情况，以确保学生的发音符合商务交流的要求。其次，语调在口语交流中起着重要作用，教师应该评估学生的语调是否自然流畅、语气是否得体、语速是否适中，从而提高学生的口语表达效果。流利度是评估口语表达是否流畅、连贯的重要指标，教师可以通过口语测试或者口语录音来评估学生的口语流利程度，包括对话的连贯性、停顿的掌握以及自然过渡等方面。最后，词汇运用是口语表达的关键，教师需要评估学生的词汇量、词汇搭配和用词准确性，以确保学生在商务交流中能够准确地表达意思。

为了全面评估学生的口语水平，教师可以采用多种方式和工具。口语测试是常用的评估方法之一，可以通过对学生口语能力的多项考核来评估其整体水平。另外，听力测试也是评估口语能力的重要手段，通过听力材料的理解和回答问题来考查学生的口语理解和表达能力。此外，口语表达任务是一种实践性的评估方式，可以让学生在真实场景中展示自己的口语表达能力，例如进行口头报告、演讲或角色扮演等活动。

根据评估结果，教师可以制定个性化的口语训练计划，针对学生的口语水平和学习需求进行有针对性的训练。例如，针对发音不准确的学生，可以进行语音纠正训练；针对语速过快或过慢的学生，可以进行语速调节训练；针对词汇量不足的学生，可以进行词汇扩展训练等。

2. 设计个性化训练计划

个性化口语训练计划的设计是根据学生的口语水平、学习需求和目标来制定的，旨在针对个体学生的特点和问题，提供有针对性的训练和指导。教师需要进行口语水平评估，了解每位学生的口语表达能力、词汇量、语音语调等情况，以确定其个性化训练的重点和方向。

基于学生的口语水平和需求，个性化口语训练计划可以包括以下几个方面的设计：

（1）训练内容确定

根据学生的口语水平和目标，确定训练内容。例如，对于口语能力较弱的学生，重点可以放在基础的发音、语音语调的改进上；对于口语能力较强的学生，则可以注重口语流利度、表达能力的提升等方面。

（2）教学资源选择

选择适合学生口语训练的教学资源和材料。可以利用商务英语教材、录音材料、商务英语相关视频、网络资源等，提供丰富多样的训练内容和素材，以满足不同学生的学习需求。

（3）训练方法和策略制定

根据学生的个体差异和需求，制定具体的训练方法和策略。针对不同的学生，可以采用不同的口语训练方式，如角色扮演、情景模拟、对话练习等。同时，结合学生的学习特点和偏好，灵活调整训练策略，提高训练效果。

（4）定期评估和调整

设计个性化口语训练计划后，教师需要定期对学生的口语表达能力进行评估，并根据评估结果及时调整训练计划。通过持续的评估和调整，确保学生在口语训练过程中得到有效的指导和支持，达到预期的训练效果。

3. 引入个性化反馈机制

在商务英语专业的口语训练中，引入个性化反馈机制是至关重要的。这一机制可以有效帮助学生了解自己的口语表达情况，发现问题并及时进行改进。以下是个性化反馈机制的几个关键要点：

首先，个性化反馈需要针对每位学生的表现进行具体分析。教师可以通过听取学生的口语表达，观察其语音、语调、流利度等方面的表现，并结合口语评估标准进行评估。

其次，个性化反馈应该及时给予，以便学生能够及时了解自己的表现，并进行及时调整和改进。教师可以在口语练习过程中不断给予反馈，或者在课后针对性地提供口语练习的建议和指导。

再次，个性化反馈还应该具有针对性和可操作性。教师可以根据学生的具体问题提出具体的改进建议，例如针对发音不准确的学生提供语音练习的方法，针对流利度不足的学生提供口语训练的策略等。

最后，在引入个性化反馈机制的同时，教师还可以利用录音或视频等技术手段记录学生的口语表现。通过录音或视频回放，学生可以更直观地了解自己的语言水平和进步情况，从而更有针对性地进行口语训练和提升。

（二）个性化口语训练的实施策略

1. 差异化教学

差异化教学是一种根据学生个体差异的特点和需求，灵活调整教学策略和方法，为每个学生提供个性化的学习体验和支持的教学模式。在商务英语专业的口语训练中，采用差异化教学策略可以更好地满足学生的不同需求，促进其口语水平的全面提升。

一种差异化教学策略是分层教学。通过将学生分为不同水平的小组，教师可以针对每个小组的口语水平和学习需求，设计相应难度和类型的口语训练活动。对于口语能力较强的学生，可以设置更具挑战性的口语任务，如模拟商务演讲或角色扮演活动；而对于口语水平较弱的学生，则可以设计更简单的口语练习，如日常对话或简单情景模拟。

另一种差异化教学策略是小组讨论。通过组织小组讨论活动，学生可以在小组内进行口语交流和合作学习，相互分享经验和观点。教师可以根据学生的口语水平和学习目标，合理组织小组，使得每个学生能够在小组内发挥自己的优势，并从他人的经验中受益。这种方式既能够提高学生的口语表达能力，又能够促进他们的合作意识和团队精神。

个别辅导也是一种有效的差异化教学策略。教师可以针对个别学生的口语问题和困难，提供个性化的辅导和指导。通过一对一的交流和训练，教师可以更深入地了解学生的学习情况和需求，并针对性地给予指导和建议，帮助学生解决口语上的难题，实现个人的口语学习目标。

2. 创设真实场景

在商务英语专业的口语训练中，创设真实场景是一种非常有效的教学方法。通过模拟真实的商务场景，如商务会议、客户谈判、电话沟通等，教师可以为学生提供一个贴近实际工作环境的学习体验，从而促进他们口语表达能力的提升和应变能力的培养。

首先，模拟商务会议是一种常见的口语训练方式。教师可以设计不同类型的商务会议场景，如项目讨论会、决策会议等，让学生分角色参与会议并进行口头发言、提问和讨论。通过这种方式，学生可以锻炼自己在商务会议中的沟通技巧、表达能力和团队合作能力，提高他们在实际工作中的应对能力。

其次，模拟客户谈判是另一种重要的口语训练方式。教师可以设计各种商务谈判情景，如价格谈判、合同洽谈等，让学生分角色进行模拟谈判。通过与同学或教师进行角色扮演，学生可以学会如何有效地沟通、协商和达成共识，提高他们的商务谈判技巧和应变能力。

最后，模拟电话沟通也是一种常见的口语训练方式。教师可以准备各种电话情景，如客户咨询、订单确认等，让学生进行电话角色扮演并进行口头交流。通过模拟电话沟通，学生可以提高自己的电话沟通技巧、信息传递能力和应对突发情况的能力，为日后从事商务工作打下良好的基础。

3.激发学生兴趣

为了激发学生对口语训练的兴趣和积极性，教师可以采取一系列丰富多彩的行动，结合学生的兴趣和爱好，设计具有趣味性和挑战性的口语训练活动。这些活动不仅可以增强学生的学习动力，还能促进他们的口语水平的提高。

（1）口语比赛

教师可以组织各种形式的口语比赛，如辩论赛、演讲比赛、即兴演讲比赛等，让学生展示自己的口语表达能力和思维逻辑能力。通过比赛的竞争性和挑战性，学生会感受到学习的乐趣，并在比赛中不断提高自己的口语水平。

（2）情景剧表演

教师可以设计各种有趣的情景剧，让学生分组进行表演，并在表演中进行口语对话。这种形式可以让学生在角色扮演中更好地运用所学的语言知识，锻炼他们的口语表达能力和情感表达能力。

（3）口语训练活动

例如，如果学生对音乐感兴趣，可以组织歌曲翻唱比赛或音乐剧表演，让他们在表演中进行口语练习。如果学生对体育运动感兴趣，可以组织体育竞赛，并要求他们在比赛中进行口语交流和协作。

总的来说，通过丰富多彩的口语训练活动，结合学生的兴趣和爱好，可以有效地激发学生的学习兴趣和积极性，提高他们的口语水平。这种个性化的教学方法不仅能够增强学生的学习动力，还能够促进他们在口语表达方面的全面发展。

三、口语教学案例

商务英语口语交际教学的核心是词汇学习。词汇是语言交际的基础，商务英语口语涉及大量的专业词汇。词汇学习中，应注重培养学生的语感知和词汇运用能力。教师可以通过阅读商务英语材料等搜集相关词汇。在教学中，教师应该结合实际情况，设计真实场景的模拟练习，帮助学生掌握各种商务场合的交际技能和词汇应用技巧。此外，教师还应该引导学生积极主动学习，让他们通过自主阅读和听说练习来提高词汇量和运用能力。通过有效的商务英语口语交际教学，可以提高学生的综合素质和竞争力，使他们在职场中更加自信，不断进步。

（一）词汇学习

1.词汇学习的重要性

商务英语词汇学习的重要性不言而喻。随着全球化的推进和国际商务交流的日益频繁，掌握一定的商务英语词汇已经成为商务人士必备的基本素养。在商务交流中，词汇是最基本的交际工具，也是进行沟通和交流的核心要素。因此，学生必须通过词汇学习掌握商务英语基本词汇、短语、惯用语以及专业术语等，才能够有效地参与商务交流活动，顺利地完成商务交流任务。

（1）商务英语词汇学习在教育中的重要性

商务英语词汇学习在商务英语专业教育中占据重要地位。通过词汇学习，学生可以全面提高自己的商务英语水平，增强自己在国际商务交流中的竞争力。因此，在商务英语专业口语交际教学中，教师应该高度重视词汇学习的重要性，采用科学有效的教学方法和手段，帮助学生全面掌握商务英语词汇，提高学生的口语交际能力。

（2）教学方法和手段

①多听、多说、多读、多写

商务英语词汇的掌握需要反复练习和运用，教师应该鼓励学生多听、多说、多读、多写，积极参与课堂活动和商务实践活动。

②以真实商务交际场景为背景，设计情景对话和商务案例

教师可以选取真实商务交际场景作为教学背景，设计情景对话和商务案例，让学生通过模拟真实场景的对话，更好地理解和掌握商务英语词汇。

③利用多媒体技术和互联网资源

教师可以利用多媒体技术和互联网资源，为学生提供更丰富、更直观的学习体验，例如用视频展示商务场景、提供商务英语听力材料等。

④引导学生积极参与商务实践活动

商务英语词汇的掌握需要实践的支持，教师应该引导学生积极参与商务实践活动，例如商务谈判、商务演讲、商务会议等，提高学生的商务英语实践能力。

⑤组织商务英语角和商务英语俱乐部等活动

教师可以组织商务英语角和商务英语俱乐部等活动，为学生提供更多实践机会，让学生在轻松、愉快的氛围中学习商务英语词汇，提高口语交际能力。

（3）教师的角色和责任

商务英语专业口语交际教学的词汇学习环节，教师应该注重开展实践活动，让学生反复练习和运用，通过多种手段和方法引导学生全面掌握商务英语词汇，提高学生的口语交际能力。同时，教师应该注重提升自身的教学素养和实践能力，为学生提供更高质量的商务英语口语交际教学服务。

2.词汇记忆学习

商务英语专业口语交际教学中的词汇学习，不仅指学生能够识记和理解商务英语词汇，更需要学生掌握词汇的正确用法和应用技巧。因此，词汇记忆是商务英语专业口语交际教学的重要环节。

（1）多种方式记忆词汇

在商务英语专业口语交际教学中，教师需要采用多种方法帮助学生记忆词汇。联想记忆法是其中一种常用的方法，通过将词汇与生活经验、形象等联系起来，加深学生的记忆。此外，重复记忆法也是有效的，通过反复复习和使用词汇，加深学生对词汇的记忆和理解。另外，分类记忆法可以帮助学生将词汇按照一定的类别进行归纳和记忆，有助于学生系统化地掌握大量的商务英语词汇。

（2）着重记忆高频词汇

在商务英语口语交际中，一些词汇使用频率较高，如 meetings、negotiations、contracts 等。教师应该着重帮助学生记忆这些高频词汇，并提供相关的商务案例和情景对话，让学生在实际应用中更加熟练地掌握这些词汇的用法和应用技巧。

（3）独立记忆和联合记忆

商务英语专业口语交际教学中的词汇记忆，既需要独立记忆，也需要联合记忆。独立记忆是指学生单独记忆词汇，通过反复练习巩固记忆。而联合记忆则是指将相关的词汇组合在一起记忆，例如将与会议相关的词汇组合在一起记忆，如 chairman、agenda、minutes 等，从而提高学生的记忆效果。

（4）利用先进技术手段记忆词汇

先进技术手段对于帮助学生记忆商务英语词汇也是非常有帮助的。教师可以引导学生利用手机应用程序、电子词典、商务英语网站等多种技术手段，通过互动、图像和音频等方式帮助学生更有效地记忆商务英语词汇。

（5）及时巩固记忆效果

在商务英语专业口语交际教学中，教师需要引导学生及时巩固记忆效果。定期组织复习课、课堂互动和练习是有效的方式，通过这些方式可以帮助学生回顾商务英语词汇，巩固记忆效果，并及时纠正学生在记忆中可能存在的错误和困惑。

3. 词汇运用及扩展的重要性

在商务英语专业口语交际教学中，词汇运用及扩展的重要性不言而喻。

首先，词汇的运用对于学生提高口语表达能力至关重要。在商务场合，准确、恰当地使用商务英语词汇是表达自己观点、进行有效沟通的基础。通过学习并灵活运用商务英语词汇，学生能够更自信、更流利地表达自己的思想和观点，从而提升口语表达能力，增强自信心。

其次，词汇的扩展使学生能够更好地适应不同的商务场合。商务交流涉及各个领域，不同场景需要使用不同的商务英语词汇和用语。通过扩展词汇量，学生能够更灵活地应对各种商务场合，从简单的商务会话到复杂的商务谈判，都能够游刃有余地展现自己的语言能力，更好地融入商务环境。

词汇的扩展也直接关系到学生的职业竞争力。在竞争激烈的职场环境中，拥有丰富的商务英语词汇量将是一种明显的优势。对于涉及国际业务的企业而言，对商务英语表达能力的要求更为严格，拥有丰富的商务词汇将成为一项重要的职业素养。通过扩展词汇量，学生不仅能够更好地与合作伙伴进行沟通，还能够在职场中更加出色地展现自己，获得更多的发展机会和提升空间。

（二）商务英语专业口语交际教学与词汇学习

1. 口语交际教学的重要性

口语交际教学是商务英语专业教学的重要组成部分。商务英语是国际商务交流的重要工具之一，商务英语口语交际能力对于学生日后从事商务工作、参与国际交流等具有重要的影响。口语交际教学不仅可以帮助学生掌握商务英语的基本语言知识，更重要的是可以培养学生的实际应用能力，提高他们的口语交际水平。在商务场合，口语交际能力是一项非常重要的技能，能够有效地促进商务谈判、交流、合作等。通过口语交际教学，学生可以学会如何运用商务英语进行有效的沟通，提升自己的职业竞争力。以下是一些常用的教学策略和方法：

（1）任务型教学

任务型教学是一种以任务为导向的教学方法，它强调学生在实际任务中运用语言。在商务英语口语交际教学中，教师可以设置一些任务，例如模拟商务会议、商务谈判等，让学生在完成任务过程中运用所学的商务英语知识进行交流，达到实际应用的目的。

（2）角色扮演

角色扮演是一种互动式的教学方法，教师让学生扮演不同的角色，运用商务英语进行交流。通过角色扮演的方式，学生可以更好地理解商务场合的交流方式和习惯，同时提高口语交际能力。

（3）讨论式教学

讨论式教学是一种以学生为主导的教学方法，教师让学生在课堂上进行讨论，分享自己的观点和经验。在商务英语口语交际教学中，教师可以通过讨论的方式，让学生探讨商务场合商务英语应用方面常见的问题和解决方法，以提高学生的实际应用能力。

（4）多媒体教学

多媒体教学是一种利用多种媒体手段进行教学的方法，例如利用视频、音频、图片等开展教学。在商务英语口语交际教学中，教师可以利用多媒体手段展示商务场合的交流情景，让学生更好地理解和掌握商务英语口语交际技巧。

2.口语交际与词汇相结合的教学

口语交际与词汇相结合的教学方法在商务英语专业口语交际教学中具有重要意义。这种方法不仅可以帮助学生掌握商务英语词汇，还可以提高他们在口语交际中的应用能力和表达效果。

首先，词汇教学与口语交际结合。在词汇教学过程中，教师可以通过各种口语交际活动，如角色扮演、情景对话等，让学生在实际交流中运用所学词汇。例如，教师可以设计商务情景，要求学生根据情景进行对话，并在对话中运用到课上学习的商务英语词汇，从而加深学生对词汇的理解和记忆。

其次，词汇与口语交际的记忆训练。在口语交际教学中，教师可以设计一些记忆训练的活动，帮助学生巩固所学的商务英语词汇。例如，教师可以组织词汇卡片游戏，让学生通过翻译、造句等方式来记忆词汇，同时与同学进行口语交流，加深记忆效果。

最后，词汇教学与口语交际的应用训练。在口语交际训练中，教师可以设置一些商务情景，要求学生根据情景展开口语交流，并灵活运用所学词汇。例如，教师可以模拟商务会议、电话谈判等场景，要求学生在交流中使用相关的商务英语词汇，提高他们的口语表达能力和应对能力。

第二节　商务英语专业阅读与写作教学

一、实践文本选取与解读

（一）实践文本选取

1. 商务文书的选择

在商务英语专业的阅读与写作教学中，选取适合的商务文书是至关重要的。这些文书应当具备实践性和代表性，能够反映真实商务场景中的语言应用情况。在商务领域中，有许多不同类型的文书被广泛使用，包括商业报告、市场调研报告、商务计划书、商务信函以及商务合同等。

（1）商业报告

这些报告通常涉及公司的财务状况、市场分析、竞争对手分析等内容，对于公司的发展和决策起着重要的作用。通过分析和撰写商业报告，学生可以学习到如何使用专业术语和数据展示来描述和分析商务情况。

（2）市场调研报告

这些报告用于评估市场需求、竞争情况和潜在机会，为企业的市场营销策略提供依据。学生通过学习市场调研报告的编写和分析，可以了解市场调研的方法和技巧，提高他们的市场分析能力。

（3）商务计划书

这些计划书通常包括公司的发展战略、市场定位、财务规划等内容，是吸引投资者和合作伙伴的重要工具。通过撰写商务计划书，学生可以学习到如何规划和管理商业项目，提高他们的商业思维和创业能力。

（4）商务信函和商务合同

商务信函用于书面沟通，例如邀请函、询价函、投诉函等，而商务合同则是法律文件，用于规定双方的权利和责任。学生通过学习这些文书的写作和使用，可以提高他们的书面沟通能力和法律意识。

2. 文本内容的实用性

在选取实践文本时，教师需要注重文本内容的实用性和适用性，以确保文本能够真正地为学生的学习和未来职业发展提供帮助。实用性是指文本内容与学生的专业领域和学习目标密切相关，能够直接应用于实际工作中的文书形式。适用性则是指文本能够满足学生的学习需求，有助于他们掌握和运用商务英语的相关知识和技能。

首先，选取的实践文本应与学生的专业领域密切相关。例如，在商务英语专业中，学生可能需要学习撰写商业报告、市场调研报告、商务计划书等与商业管理和市场营销相关的文书形式。这些文本与学生未来从事的职业密切相关，能够为他们的实际工作提供帮助。

其次，选取的文本内容应符合学生的学习目标。教师应根据学生的学习需求和水平，选取适当难度的文本，既能够挑战学生，又不至于过于困难，确保学生能够理解和掌握文本内容。文本的难度和挑战性能够激发学生的学习兴趣和积极性，促进他们的学习效果。

选取的实践文本还应具有一定的真实性和代表性。这意味着文本内容应该反映真实商务场景中的语言使用情况和沟通方式，具有一定的商业逻辑和专业性。通过学习真实的商务文本，学生能够更好地了解商务英语的实际运用情况，提高他们的语言应用能力和实践能力。

（二）文本解读与分析

1. 结构与语言特点分析

教师在引导学生分析实践文本时，注重文本的结构和语言特点，是为了帮助学生更全面地理解商务文书的组织结构、表达方式以及其中蕴含的商务信息。这种分析旨在培养学生对商务文书的阅读理解能力和写作水平，使其具备处理商务信息的能力和技巧。

首先，学生可以从文本的整体结构入手进行分析。他们需要观察文本的标题、副标题、段落组织以及可能包含的图表、图像等元素，以把握文本的整体框架。通过分析文本的结构，学生能够理解商务文书的逻辑顺序和信息层次，从而更好地把握文本的主题和要点，有助于提高他们的阅读理解能力。

其次，学生应关注文本中的语言特点，包括词汇、术语和句式结构等方面。他们可以挖掘文本中常见的商务术语和行业特定的词汇，了解这些词汇的含义和用法。同时，分析文本中使用的句式结构、语法规范以及修辞手法，有助于学生掌握商务文书的语言表达方式和写作规范。这样的分析有助于学生提高自己的写作水平，使其能够更准确、更清晰地表达商务信息，增强沟通效果。

通过对实践文本的结构和语言特点进行深入分析，学生可以更全面地理解商务文书的写作原则和规范。这种理解不仅有助于提高学生的阅读理解能力，还能够为他们未来的职业发展奠定良好的基础。在实际工作中，学生可以更加灵活地运用所学知识，准确地理解和撰写商务文书，提高工作效率和专业素养。

2. 信息提取与概括

教师在教学中可以采用信息提取与概括的活动来培养学生的阅读理解能力和写作水平。这种活动通过让学生从实践文本中提取关键信息并进行概括总结，促进了学生对文本的深入理解和有效沟通的能力。学生在这样的活动中，不仅需要通过阅读理解文本的内容，还需要从中挖掘出重要的信息，并将其进行概括和总结。这种过程不仅锻炼了学生的信息筛选和归纳能力，还提高了他们的思维逻辑和表达能力。

在这样的活动中，学生首先需要通过阅读理解文本，从中找出重点内容和关键信息。他们需要理解文本的主题、论点、论据和结论等核心要素，并识别出其中的关键词、关键句和关键段落。然后，学生需要对这些信息进行概括和总结，归纳出文本的主要观点和论证思路。通过将信息进行概括和总结，学生可以更好地理解文本的内涵，提高自己的阅读理解能力。

这种信息提取与概括的活动不仅有助于学生提高阅读理解能力，还对其写作水平的提升具有积极作用。通过参与这样的活动，学生可以培养自己的写作思维和表达能力，提高文笔的流畅性和逻辑性。同时，学生在总结概括文本信息的过程中，也在潜移默化中吸收了有效的写作技巧和表达方法，为自己的写作能力的提升打下了坚实的基础。

二、写作技巧与实践应用

（一）写作技巧指导

1. 商务邮件写作技巧

商务邮件作为商务沟通的主要工具之一，其写作需要遵循一定的规范和技巧。

（1）简洁明了

商务邮件要求简洁明了，内容直截了当，避免冗长废话。教师可以指导学生在写作时尽量精简表达，用简练的语言准确传达信息。

（2）格式规范

教师可以向学生介绍商务邮件的常用格式，包括主题、称呼、正文、结尾等部分的书写规范。学生需要了解如何正确地安排邮件的各个部分，使邮件整体看起来清晰有序。

（3）语言表达技巧

商务邮件的语言应该得体、礼貌，并且避免使用口头化语言和俚语。教师可以指导学生学习商务邮件常用的礼貌用语和表达方式，如感谢、请求、建议等，使邮件显得正式和专业。

2. 商业计划书写作技巧

商业计划书是企业规划和发展的重要文书，其写作需要具备逻辑清晰、信息完整的特点。

（1）逻辑清晰

商业计划书的写作需要按照逻辑顺序组织思路，包括市场分析、产品介绍、营销策略、财务预测等内容。教师可以教导学生如何合理安排各个部分的内容，使其之间逻辑严谨、相互衔接。

（2）信息完整

商业计划书需要包含全面的信息，涵盖企业的各个方面，包括市场调研、竞争分析、产品定位、市场推广、财务预测等。教师可以引导学生学习如何收集、整理和展示这些信息，使其具备说服力和可操作性。

（二）实践应用训练

除了传授写作技巧外，教师还应该为学生提供实践应用的机会，让他们将所学的写作技能应用到实际情境中。

1. 商业报告

教师在商务英语专业的教学中，可以通过组织学生进行商业报告的实践写作来培养他们的数据分析和报告撰写能力。商业报告是商务领域中常见的文书形式之一，其撰写需要学生具备对市场和竞争情况的深入分析能力，同时还要能够清晰准确地将分析结果呈现给相关人员。

学生在撰写商业报告时，首先需要进行市场分析。他们需要收集并分析市场的各种数据，包括市场规模、增长趋势、消费者需求等方面的信息。通过对市场的综合分析，学生可以描绘出市场的整体情况，把握市场的发展动向和潜在机遇，为企业制定未来的发展策略提供依据。

除了市场分析，学生还需要进行竞争分析。他们需要了解竞争对手的产品、定价、营销策略等情况，分析竞争对手的优势和劣势，并评估其对企业的影响。通过竞争分析，学生可以发现企业在市场上的定位和竞争优势，为企业制定差异化竞争策略提供建议。

在实践写作过程中，教师可以提供指导和支持，引导学生正确地收集和分析数据，帮助他们理清思路，准确表达分析结果。学生应该注意报告的结构和语言表达，确保报告内容清晰、逻辑严谨、语言得体。

2. 营销方案

教师在商务英语专业的教学中，可以通过安排学生制定营销方案的实践项目来提高他们的营销策划和写作能力。营销方案是企业制定和实施营销活动的指导性文档，其撰写需要学生具备对产品特点和市场需求的深入理解，同时还要能够设计切实可行的营销策略和推广计划。

学生在制定营销方案时，首先需要对产品进行全面的分析。他们需要了解产品的特点、功能、优势和劣势，以及产品在市场上的定位和竞争优势。通过对产品的深入了解，学生可以确定营销目标和目标市场，为后续的营销策划打下基础。

除了对产品的分析，学生还需要对市场进行调研。他们需要收集并分析市场的信息，包括目标客户群体、竞争对手、市场趋势等方面的数据。通过市场调研，学生可以了解市场的需求和变化，为制定营销策略提供依据。

在实践项目中，教师可以引导学生设计营销策略和制定推广计划。学生需要根据产品特点和市场需求，设计切实可行的营销策略，包括定价策略、渠道策略、促销策略等。同时，他们还需要制定具体的推广计划，包括广告宣传、市场推广活动等内容。

在营销方案的撰写过程中，学生应该注意报告的结构和语言表达，确保报告内容清晰、逻辑严谨、语言得体。教师可以提供指导和反馈，帮助学生不断完善营销方案，提高其营销策划和写作能力。

第三节　商务英语专业翻译与文化教学

一、商务英语专业翻译类课程教学

（一）商务翻译的特点

与一般英语翻译不同，商务翻译因其独特性，亟须教师做出教学模式的调整和转变。

1. 注重准确和通达

商务英语翻译以准确和通达为首要目标。商务文本的多样性，如商务函电、商务合同等，需要确保准确传达信息以促进国际商务活动。因此，在商务翻译中，不仅要保持文本的准确性，还要确保信息通达，使沟通更加顺畅。修辞之美并非首要考虑，而是要确保信息传递的准确性和清晰度。

2. 整体性、流程性、模块化

商务翻译根据国际商务活动的流程进行划分，包括报盘，还盘、订立合同等不同模块。每个模块都有独特的词汇和术语，但又相互关联，构成了商务活动的重要节点。与一般文学性翻译不同，商务翻译更加系统化和流程化，使得学生能够更好地理解商务活动的全貌和细节。

3. 对应关系

商务英语文本根据买方、卖方和中间方的角色形成相应的对应关系，如买方文本、卖方文本和中间方文本。这种对应关系在商务活动中具有重要意义，而在一般文学性翻译中往往不存在这种对应关系。因此，在商务翻译教学中，需要重点培养学生对这种对应关系的理解和应用能力。

4.评价刚性用词

商务文本具有评价刚性，即要求译文在词汇、格式和表达方面与原文保持一致和准确。商务翻译的评价标准更为刚性，要求译者严格遵循商务英语的专业术语和规范，确保译文的准确性和科学性。

5.高频实词、关键词和情态动词的应用

商务翻译常使用高频实词、关键词和情态动词，以传递文化自信和体现专业性。这些词汇不仅能够确保译文的准确性，还能够体现中国的文化特色和国家形象。因此，在商务翻译教学中，需要注重培养学生对这些关键词的理解和运用能力，使其能够准确、地道地表达商务文本的含义和态度。

（二）对商务英语专业翻译类课程教学模式的展望

提升商务英语专业的翻译教学水平，教师应首先明确商务翻译的实质和要求，才能适应当前的社会需要，培养合格的商务翻译人才。

1.加强练习环节，熟能生巧

商务英语翻译是一项实践性极强的技能，需要通过大量的实际练习来掌握。教师应设计丰富多样的练习环节，让学生在与真实商务文本的接触中不断提升翻译能力。通过反复练习，学生可以积累经验，熟能生巧，从而在实际工作中胜任各种商务翻译任务。

2.加强对商务流程的认知

商务翻译需要学生具备一定的商务知识基础，理解商务活动的流程和细节。教师应当重视对商务流程的教学，帮助学生建立完整的商务流程认知。通过案例分析和模拟实践，学生可以更深入地了解商务活动的全过程，为翻译工作提供更准确的背景知识支持。

3.加强对学习兴趣的调动

商务英语翻译可能会因其强调专业性和准确性而导致学生对课程产生倦怠心理。为了调动学生的学习兴趣，教师可以灵活采用多媒体手段和远程教育工具，模拟真实场景进行教学。此外，引入案例教学也是一种有效的方式，可以使学生更加投入到学习中。

4.加强对评价标准的推广

商务英语的翻译评价标准具有刚性要求，对译文的准确性和专业性有严格要求。教师应当向学生推广这种评价标准，使他们能够理解和接受，并在实际翻译过程中加以应用。通过明确的评价标准，学生可以更好地指导自己的学习和提升翻译水平。

5.加强对文化自信的培养

商务英语翻译不仅是语言技能的运用，更是文化自信的传递。教师应该重视对学生文化自信的培养，让他们坚定自信地传递中国文化特色。通过课堂教学和实践活动，培养学生的文化自信心，使他们能够在商务翻译中展现出中国的文化魅力和国家形象。

（三）商务英语专业翻译类课程教学模式的转变

鉴于商务英语专业翻译类课程的特点及要求，改革教学模式势在必行。

1.课前的铺垫

在商务英语专业翻译类课程中，课前的铺垫被视为成功的奠基石，为学生进入课程打下坚实基础。教师可以通过引入跨国商务合作中的成功人物和案例的音频、视频材料，激发学生对职业的向往和对课程的期待。这些材料不仅能够为学生提供实际案例，还能够让他们感受到商务英语翻译的重要性和实践意义。随后，教师可以以商务流程中依次出现的文本材料为序，对合作函、询价函、报价函、合同、信用证、发票等各种单据进行介绍和展示，从而加强学生对商务流程的认知。这种逐步引导的方式不仅有助于学生建立起对商务文本的整体了解，还能够帮助教师了解学生的知识体系和薄弱环节，为今后的教学提供有针对性的指导。随后，教师可以将所有单据归拢为买方、卖方和中间方三组，从而初步建立起学生对商务文本对应关系的概念。最后，通过对比商务英语和一般英语书写的合作函、询价函、报价函、合同等文本，使学生直观感受商务文本的特点，以及与一般英语的区别。这种对比分析能够帮助学生更深入地理解商务英语翻译的要求和技巧，为他们后续的学习打下坚实基础。通过完整的课前铺垫，学生不仅对课程有了更清晰地认识，还对商务英语翻译的实践性和重要性有了更深入的了解，为他们未来的学习和职业发展提供了有力支持。

2.课上翻译材料的选定

教师在商务英语专业翻译类课程中，需要精心选择适合的翻译材料，以真实的商务实践为基础，科学指导学生进行翻译实践。这些材料应当来自企业和事业单位的真实商务文本，如公司简介、业务范畴、组织机构、产品介绍、商务函电、合同、商业发票等。将这些真实的商务材料运用到课堂的翻译练习中，可以让学生产生身临其境的感觉，激发他们的好奇心和求知欲。同时，教师可以将商务英语等级考试的试题经过改编，引入商务翻译课堂，以达到多重效果。

首先，商务英语等级考试的试题具有明确的针对性，考查个体在工作场合使用英语的能力。通过引入这些试题作为翻译材料，可以向学生介绍各种商务英语考试，使他们在通过本专业要求的考试基础上，有了新的努力方向。其次，这种做法能够提高学生的就业竞争力。商务英语考试是许多企业和机构在招聘过程中的重要参考标准，因此，通过熟悉商务英语考试题型，学生可以更好地应对职场挑战。最后，商务英语考试试题是社会实际工作环境的缩影，通过这些试题，学生不仅可以在课堂上进行实际的翻译练习，还能够了解和适应未来工作中可能遇到的情境，为他们日后走上工作岗位做好铺垫。

3.语篇格局的创设

商务翻译课程的教学应当注重语篇分析的应用，以帮助学生从整体把握商务文本的精髓，培养他们对不同类型商务语篇的整体基调认识。在翻译商务文本时，教师应该首先引导学生从整体着眼，从全局出发，确保在语篇语境、语篇意图、语篇功能等方面满足翻译要求。这样的教学方法能够帮助学生建立起对商务文本的整体认知，并有助于实现语篇的衔接与连贯、信息排列和主述位推进。

在语篇格局的创设下，学生可以逐步形成对各种商务文本的整体认知。他们通过分析商务语篇的整体结构和基调，能够更好地理解文本的目的和意图，从而更加准确地把握翻译的重点和要求。在把握好整体基调之后，学生才能够更加专注地处理专业细节。此时，教师可以从专业术语、行话、词句对等方面进行深入探讨，帮助学生进一步磨砺细节，确保翻译的准确性和专业性。

4.根据商务文本的对应关系和流程性、模块化特点进行教学设计

商务英语专业翻译类课程的成功在很大程度上取决于学生是否能够沉浸于

商务文本之中，通过自身的翻译能力获得成就感和幸福感。因此，教学设计的关键在于如何让学生在课堂中体验到这种成就感，并通过实际操作锻炼翻译能力。

一种有效的教学设计是根据商务文本的对应关系和流程性、模块化特点来组织学习活动。教师可以将学生分成三组，分别代表商务交易中的买方、卖方和中间方，以此模拟真实的商务场景。每个组负责处理相应的商务单据，如买方组处理采购订单、付款凭证等，卖方组处理销售合同、发票等，中间方组处理保险单、运输单据等。通过这种方式，学生能够更深入地理解商务文本之间的对应关系，加深对商务交易流程的理解，并在实践中提升翻译能力。

另一种教学设计是根据商务文本的流程性和模块化特点，将课程内容划分为不同的模块。每个模块对应商务交易中的一个环节，如报盘，还盘、订立合同、报关、报检、国际货物运输等。教师可以针对每个模块设计相应的学习任务和翻译练习，让学生逐步掌握各个环节的专业术语和常用表达，提高他们的翻译水平和实践能力。通过模块化的教学设计，学生能够系统地学习商务英语翻译知识，逐步形成对商务交易流程的整体认知，并在实际操作中不断提升翻译技能。

5.批判性思维和文化自信的建构

建构主义理论强调了人才培养模式从"教"向"学"的过渡，其中批判性思维和文化自信的建构是至关重要的。如何引导学生跳出惯性、固态思维，培养他们敢于质疑、敢于挑战的学习风格呢？教师在教学模式上需要作出相应的转变。

首先，教师应提供多篇优秀译文供学生各赏千秋，而不是仅提供唯一标准答案。通过展示多种不同的翻译作品，学生可以学习到不同的翻译思路和方法，培养其批判性思维，从而形成对多种翻译方案的接受和尊重。

其次，教师应搭建合作学习的实体空间和云空间，如微信群、QQ群、腾讯会议等，并及时给予指导和建议。通过合作学习，学生可以相互交流、讨论，共同探讨问题，从而拓展思维，培养批判性思维能力。

再次，教师应欢迎学生的质疑和挑战，并及时肯定其中的闪光点。通过鼓励学生提出问题和挑战，教师可以激发学生的思维活跃度，促使他们更深入地思考和探索。

最后，教师需要重新审视自身在教学过程中的角色定位，转变为课堂的参谋者、推动者和促进者。教师的引导和激励对学生批判性思维和文化自信的建构起着至关重要的作用。

在商务翻译实践中，文化自信的建构是至关重要的。学生需要坚定文化自信，认同中国文化价值，才能够将文字背后的文化含义充分表达出来，实现文化的传播。因此，教师应引导学生通过多种翻译方法进行练习，并在翻译过程中注重中西方文化之间的差异性，力求在翻译中消除文化差异产生的影响。

6. 仿真任务模式

为了让学习者更好地理解所学知识的实际意义，最有效的方式之一是让他们置身于真实、客观的环境中，通过亲身体验来加深理解。在商务英语翻译教学中，仿真任务模式是一种非常有效的教学方法。这种模式通过提供仿真的商务文本和任务，让学生在模拟的商务环境中进行翻译实践，以达到更深层次的学习效果。

商务文本如合同、标书、信用证、可行性报告、公司年报、公司简介等都是学生可以接触到的实际商务文件。教师可以设计仿真任务，要求学生在规定的时间内，在与真实商务环境相似的条件下完成专业翻译任务。通过这样的任务，学生能够更好地理解商务翻译的实际操作流程、专业术语的运用以及翻译技巧的应用。

任务完成后，教师不仅应该对学生的翻译能力和技巧进行评价和指导，还应该提供相关工具、途径和渠道的支持，帮助学生更好地进行翻译资料的收集和积累，选择和应用翻译工具，并对不同翻译方法进行甄别和思考。这种支持可以包括推荐相关的翻译工具和资源网站，提供实用的翻译技巧和方法，甚至直接引导学生与翻译公司对接，让他们有机会接触到真实的商务翻译任务，从而获得更为深入的实践经验。

7. 学生互评

传统的独立点评方式虽然在翻译教学中较为常见，但它存在着一些局限性。通常情况下，教师会以自己的答案作为标准，对学生的翻译作品进行评价，试图将自己对翻译理论知识和经验的理解传达给学生。然而，这种方式可能会限制学生的思维和潜能，因为学生只是被动接受评价，而没有机会发挥自己的主观能动性。

相比之下，学生互评的方式更具有启发性和鼓励性。通过将学生分成若干小组，让小组成员交换彼此的译作，并进行互相点评和甄选优秀作品，可以极大地激发学生的思维活力和创造力。这种方式不仅有助于培养学生的批判性思维和翻译鉴赏能力，还可以促进团队合作精神的形成和发展。每位学生都需要对他人的译文进行评价，并在反馈的基础上自行修改自己的译文，这有助于学生及时了解自己的水平进展和薄弱环节，并加以改进和提高。

8. 实训基地的建设

学生走向社会实践是提升其专业素养和实践能力的关键一步，而实训基地的建设是支持学生实践的重要保障。教师个人的努力和渠道虽然有限，但学校和教学单位可以通过与企业、外贸公司、翻译机构等建立长期合作关系，将它们作为学生的实训基地，为学生提供实践机会和平台。这种合作关系应该是有计划、定向的，能够有针对性地培养、训练和输出人才，使学生在实践中获得丰富的经验和技能，为他们未来的就业和社会服务打下坚实的基础。

此外，有条件的高校还可以组织学生以志愿者的身份参与各种商务活动，如达沃斯论坛、进出口商品交易会、商务高端论坛等，这样的活动不仅可以让学生近距离接触商务实践，还可以拓宽他们的人脉和视野，提升他们的综合素养和竞争力。

除了学生走出校园进行实践，实训基地的建设还包括"请进来"，即邀请高级翻译人员、职业译者、企业高管等行业专家到校园内进行交流和分享。他们可以向学生分享自己的实践经验和故事，传授行业内的专业知识和技能，帮助学生更好地理解商务翻译的实际情况，拉近理论和实践的距离，使学生对未来的职业生涯形成更为合理的预期。

9. 专业教师能力的提升

商务英语专业翻译教师作为专业领域的引领者和指导者，其个人能力的提升至关重要。除了在教学方面不断提高自己的教学水平和教学效果外，教师还需要不断拓展和提升自己在商务知识、国际贸易业务、翻译实战能力、跨文化交际等方面的能力，以适应时代发展和行业变革的需求，为学生提供更加优质的教学服务。

首先，专业教师可以通过参加各类学术讲座、学术交流会、行业研讨会等方式，不断增进自己在商务领域的专业知识和理论水平。这些活动可以让教师及时了解行业最新的发展动态和前沿知识，为教学内容的更新和拓展提供重要参考。

其次，教师可以利用现代科技手段，如大数据、云平台和远程学习等，参加在线学习、网络研讨会、虚拟实践等活动，以提升自己的教学技能和翻译实战能力。通过这些方式，教师可以与国内外其他教育机构和专业人士进行交流和合作，获取更多的教学资源和实践机会，为自己的教学工作注入新的活力和动力。

教师还可以参加各类职业资格考试，如报关员、报检员、经济师、剑桥商务英语等考试，不仅可以加深自己对商务英语领域的了解和认识，还可以提升自己的职业素养和竞争力。这些资格考试的学习和备考过程也将成为教师个人提升的重要途径之一。

二、商务翻译实践与文化因素融合

（一）商务翻译实践与文化因素融合的重要性

1. 文化背景差异导致翻译困难

文化背景的差异是商务翻译中常见的挑战之一，它直接影响着翻译工作的准确性和流畅性。商务翻译作为跨越不同国家和地区的商业交流的重要环节，要求翻译者能够充分理解并传达不同文化背景下的商务信息，因此文化因素的差异会导致翻译困难的出现。

首先，不同国家和地区的商务礼仪和惯例存在显著差异。例如，在一些国家，商务活动中的礼节和礼仪非常重要，包括如何招待客人、如何进行商务洽谈等，而在另一些国家，可能更注重实际业务和效率，礼节和形式相对次要。翻译者如果不能准确理解并传达这些文化差异，可能会导致交流不畅甚至引发误解。

其次，不同国家和地区的行业术语和惯用语也存在差异。商务翻译涉及各种各样的行业，每个行业都有其独特的术语和表达方式。如果翻译者不熟悉目标文化的行业术语和惯用语，就很难准确理解和翻译商务文件，可能会造成信息不准确甚至误导对方。

最后，不同国家和地区的法律、商业惯例等方面也存在差异，这些差异也会影响商务翻译的准确性。例如，合同法、知识产权法等法律制度的不同，可能会导致合同文件的翻译差异，如果翻译者不了解目标文化的法律体系，就难以准确理解和翻译相关文件。

2. 文化因素影响语言表达方式

文化因素对语言表达方式的影响在商务翻译中具有重要意义。每种文化都有其独特的语言习惯和表达方式，这些差异会直接影响到商务翻译的准确性、流畅度以及交流效果。因此，翻译者在进行商务翻译时，必须深入了解目标文化的语言特点，以便更好地传达信息并避免误解。

首先，不同文化对于语气和礼貌用语的使用有着不同的要求。在某些文化中，人们更加注重语气的委婉和礼貌用语的运用，以示尊重和友好。例如，在日本文化中，人们常常使用敬语和客套语来表达礼貌和尊重。而在美国文化中，人们更倾向于直接、简洁地表达意思，不太喜欢过多的客套话语。因此，翻译者在进行商务翻译时，需要根据目标文化的语言习惯选择合适的语气和礼貌用语，以确保译文能够准确传达原文的意思并符合目标文化的交流方式。

其次，不同文化对于表达方式的偏好也存在差异。有些文化更注重言辞的丰富和修饰，喜欢运用比喻、隐喻等修辞手法来增强语言的表现力。而另一些文化则更倾向于直接、简洁的表达方式，注重信息的准确性和清晰度。例如，在中文中，人们常常使用成语和典故来表达意思，喜欢运用比喻和象征来丰富语言的内涵。而在英文中，人们更倾向于使用简洁明了的语句，避免过多的修饰和夸张。因此，翻译者在进行商务翻译时，需要根据目标文化的表达偏好选择合适的表达方式，以确保译文能够符合目标文化的语言习惯和传播方式。

3. 文化背景影响信息解读

在商务翻译中，文化背景对信息的解读具有重要影响。不同文化背景下的人可能会因其独特的价值观、信仰、传统和社会习惯而对同一信息产生不同的理解和解读。因此，翻译者在进行商务翻译时，必须充分考虑目标文化的特点，以确保译文能够准确传达信息的含义和目的，避免造成误解或歧义。

（1）文化背景对于信息的解读方式产生影响

不同文化背景下的人可能会对同一信息采取不同的解读方式。例如，在某些文化中，人们更注重社会关系和人情味，可能会从信息中寻找其中蕴含的人际关系和情感因素。而在另一些文化中，人们更注重事实和逻辑，可能会更关注信息中的数据和逻辑关系。因此，翻译者在进行商务翻译时，需要根据目标文化的解读方式选择合适的表达方式，以确保译文能够符合目标受众的理解习惯。

（2）文化背景对于信息的理解程度产生影响

不同文化背景下的人可能会因其对于商业文化和传统的了解程度不同而对信息的理解产生差异。例如，某些文化中可能存在着特定的商业习惯、行业规范和传统礼仪，对于理解商务信息具有重要意义。而在另一些文化中，人们可能对商业文化和传统了解较少，可能会对商务信息产生误解或不理解。因此，翻译者需要深入了解目标文化的商业文化和传统，以便更好地传达信息的含义和目的，确保译文能够被目标受众准确理解。

（二）商务翻译实践中文化因素的融合方法

1. 跨文化培训和教育

（1）加强跨文化培训

商务翻译实践中，学生需要接受系统的跨文化培训，包括文化背景、礼仪习惯、商务惯例等方面的知识。通过培训，学生可以深入了解不同文化间的差异，提高跨文化交际能力和跨文化意识，为商务翻译实践奠定基础。

（2）引入跨文化教材和案例

教师可以在商务翻译课程中引入跨文化教材和实际案例，让学生通过学习和分析真实商务场景中的文化因素，加深对文化差异的理解和把握。这种实践有助于学生将理论知识与实际应用相结合，提高跨文化交际和商务翻译能力。

2. 多元化的翻译实践活动

（1）开展跨文化交流活动

学校可以组织学生参加跨文化交流活动，如国际文化节、国际商务论坛等，让学生亲身体验不同文化间的交流和互动，增强跨文化交际能力。这种活动可以为学生提供一个开放、包容的学习环境，促进不同文化背景下的学生之间的交流和合作。

（2）开展实地考察和实践项目

学校可以组织商务翻译专业学生参加实地考察和实践项目，深入了解不同国家和地区的商务环境和文化氛围。通过实地考察，学生可以接触到真实的商务场景和跨文化交流，提升对文化因素在商务翻译中的理解和应用能力。

3.提供专业导师指导

（1）指导学生分析文化因素

教师可以充当学生的导师，指导他们分析商务翻译实践中的文化因素，并提供针对性地指导和建议。通过与学生的密切合作，教师可以帮助他们更好地理解和应对文化差异，提高翻译质量和效率。

（2）鼓励学生自主学习

除了教师的指导，学生还应当被鼓励自主学习和探索。学生可以通过阅读相关书籍、参与在线讨论、观看相关视频等方式，进一步加深对文化因素在商务翻译中的理解和运用。

第六章　商务英语专业复合型人才培养的师资研究

第一节　商务英语专业师资现状

一、师资结构与数量分析

（一）师资结构

1.语言学背景的教师

在商务英语专业中，语言学背景的教师扮演着至关重要的角色。他们具备深厚的语言学理论知识和丰富的实践经验，能够为学生提供全面、系统的语言学教育。这些教师在语言学理论和应用方面有着较深的造诣，能够将复杂的语言现象和规则解释清晰，使学生能够理解和掌握商务英语的各个方面。

首先，语言学背景的教师能够为学生提供扎实的语言基础。他们熟悉语言学理论，了解语言结构、语法规则、语音特点等方面的知识，并能够将这些知识系统地传授给学生。通过系统的课堂教学和实践活动，学生可以逐步掌握商务英语的基本语言要素，如词汇量的扩充、语法结构的掌握等，从而打下坚实的语言基础。

其次，语言学背景的教师能够帮助学生掌握商务英语的专业知识。除了基本的语言技能外，商务英语还涉及特定领域的专业知识，如商业管理、市场营销、国际贸易等。语言学背景的教师能够结合专业知识和语言学理论，为学生提供全面的商务英语教育，使他们不仅具备良好的语言能力，还能够理解和运用商务领域的专业术语和概念。

最后，语言学背景的教师还能够指导学生进行准确流畅的口头和书面表达。

通过丰富多样的教学方法和实践活动，他们可以帮助学生提高口语表达能力、书面写作水平，培养学生的沟通和表达能力。通过模拟商务场景的角色扮演、商务文档的翻译和撰写等实践活动，学生能够在真实的语言环境中进行训练和实践，提高商务交流的能力和水平。

2. 商务管理背景的教师

商务英语专业的教学团队需要包括具有商务管理背景的教师，他们在商业领域积累了丰富的实践经验和深厚的行业内涵。这些教师不仅熟悉商业运作的各个方面，还能够将实践经验与语言教学相结合，为学生提供更加全面和实用的商务英语教育。

首先，商务管理背景的教师能够向学生介绍商务领域的最新动态和行业趋势。随着全球商业环境的不断变化，商务领域的最新动态对于学生的学习和职业发展至关重要。这些教师通过分享自己的实践经验和行业见解，帮助学生了解商业环境的变化和趋势，使他们能够更好地适应未来的职业挑战。

其次，商务管理背景的教师能够向学生介绍商业操作和管理实践。他们深入了解商务领域的各个方面，包括市场营销、供应链管理、人力资源等，能够向学生介绍商业操作和管理的基本原理和方法。通过案例分析、实践演练等教学活动，学生可以从实际案例中学习商业操作和管理的技能，为将来的职业生涯做好准备。

最后，商务管理背景的教师还能够为学生提供实用的职业指导和就业建议。他们通过与学生的互动和交流，了解学生的职业兴趣和发展方向，为他们提供个性化的就业指导和职业规划建议。这些教师还可以为学生提供实习和就业机会的信息，帮助他们顺利进入职场并取得成功。

3. 外籍教师或具有国际视野的教师

为了确保商务英语专业的学习环境具有国际化特色，并提供跨文化交流的机会，拥有一定比例的外籍教师或具有国际视野的教师至关重要。这些教师不仅能够为学生提供真实的国际商务案例和商业实践经验，还能够通过自身的国际背景和经验，为学生开阔眼界，提供全球化的视野和思维方式。

首先，外籍教师或具有国际视野的教师能够为学生提供真实的国际商务案例和商业实践经验。他们可能具有丰富的国际工作经验或跨国公司背景，能够分享自己在国际商务领域的见解和经验。通过讲解真实案例，学生可以更直观地了解国际商务环境和跨文化交流中的挑战与机遇，从而提高自己的商务素养和应对能力。

其次，外籍教师或具有国际视野的教师能够帮助学生了解不同文化背景下的商务交流方式和行为规范。在国际商务领域，不同国家和地区的商务礼仪、惯例和行为规范可能存在较大差异。这些教师能够向学生介绍不同文化背景下的商务交流方式和行为规范，帮助他们在跨文化交流中更加得体和自信。

最后，外籍教师或具有国际视野的教师能够提高学生的跨文化交际能力和全球化视野。通过与这些教师的互动和交流，学生可以接触到不同文化背景的人群，了解不同国家和地区的商务文化和交流方式，拓宽自己的国际视野，培养跨文化交际能力和全球化思维方式。

（二）师资数量

1. 根据教学规模和需求确定

商务英语专业的师资数量是保障教学质量和效果的重要保障之一。确定师资数量需要综合考虑学校的教学规模和需求，以确保教学任务得到充分地支持和满足。

首先，商务英语专业的师资数量应该能够满足课堂教学的需求。这包括开设不同水平和不同专业方向的商务英语课程，例如商务英语口语、商务写作、商务翻译等，需要有足够的教师来承担教学任务。此外，还需要考虑到课程的教学质量和效果，需要有足够的师资力量来进行课程设计、教学准备和课后辅导，以保证学生的学习效果和满意度。

其次，师资数量也需要能够满足实践指导和实习实训的需求。商务英语专业强调实践能力的培养，学生需要通过实践指导和实习实训来提升自己的实际操作能力和应用能力。因此，需要有足够的教师来组织和指导实践活动，为学生提供真实的商务场景和案例，帮助他们将理论知识应用到实际工作中去。

最后，师资数量还需要考虑到学术研究和科研项目的需求。商务英语专业作为一个学科门类，需要有一定的学术研究能力和科研项目支持。因此，需要有足够的教师来从事学术研究工作，参与学术会议和论文发表，为学科的发展和提升作出贡献。

2. 提高教学灵活性和多样性

增加师资数量是提高商务英语专业教学灵活性和多样性的重要手段之一。通过增加教师的数量，可以为学生提供更多元化的教学资源和更个性化的教学服务，从而满足不同学生的学习需求和兴趣特点。

（1）增加师资数量可以丰富教学内容和方法

不同背景和专业的教师具有各自独特的教学风格、教学方法和教学资源，他们可以共同担任课程，结合自身的专业特长和教学经验，为学生提供多样化的学习体验。例如，语言学背景的教师可以注重语言学习的基础知识和技能训练，而商务管理背景的教师可以注重商务实践和案例分析，从而全面提升学生的综合素养和能力水平。

（2）增加师资数量可以满足不同学生的学习需求

学生在学习商务英语专业时具有不同的学习兴趣、学习目标和学习能力，需要个性化的教学服务和指导。通过增加教师的数量，可以更好地满足学生的个性化需求，为他们提供更具针对性和差异化的教学支持。例如，一些学生可能对商务管理领域感兴趣，而另一些学生可能更倾向于语言学方向，教师可以根据学生的兴趣和需求进行有针对性的指导和辅导。

（3）增加师资数量还可以促进教师之间的合作和交流

不同背景和专业的教师可以相互配合，共同探讨教学内容和方法，互相借鉴和学习，从而不断提升教学水平和质量。教师之间的合作和交流不仅可以促进教学资源的共享和整合，还可以激发创新和教学改革的动力，推动教育教学工作的不断发展和完善。

二、师资水平与素质评估

（一）语言学和商务知识基础

1. 语言学基础

商务英语专业的教师在培养学生商务英语能力方面具有至关重要的角色。其首要条件是具备扎实的语言学基础。语言学作为语言科学的一个分支，研究语言的结构、规则和功能，对于商务英语教师而言是必不可少的基础。

（1）教师需要对英语语言深入地理解和掌握

这包括对英语语法的熟练掌握，能够理解和解释各种语法现象，如时态、语态、语气、句型结构等。同时，对词汇的掌握也是至关重要的，教师需要了解词汇的分类、构词法和用法，以便能够在教学中对学生进行有效的词汇教学和指导。

（2）教师需要具备良好的语音学知识

商务英语作为一门应用语言，语音表达的准确性对于商务交流至关重要。教师需要能够准确地发音，并且能够教导学生正确的发音技巧和语音规则，帮助他们提高口语表达能力，增强语言交际的流畅度和准确性。

语言学的另一个重要分支是语用学，它研究语言的使用和交际功能。商务英语教师需要了解商务交际中的语用规则和惯例，包括礼貌用语、交际技巧、商务信函格式等内容。教师应该能够指导学生在商务场景中恰当地运用语言，避免语用错误和交际不畅的情况。

2. 商务知识基础

商务英语教师在教学中除了语言学基础外，还需要具备广泛的商务知识基础。这包括对商务领域常见术语、行业概况、商业模式等内容的了解。掌握这些商务知识可以使他们在课堂上为学生提供相关的商务背景知识和案例分析，从而帮助学生更好地理解商务英语的实际应用场景和意义。通过深入了解商务领域的概念和实践，教师能够引导学生将语言学习与商务实践相结合，提高其专业素养和实际运用能力。在商务知识基础方面，教师应该着重涉及不同行业的商业模式、国际商务规范、市场营销策略等内容，以帮助学生建立丰富的商业词汇和专业背景。这些商务知识将为学生未来的职业发展提供坚实的基础，使他们能够更自信地应对商务环境中的挑战，并在跨国工作和国际合作中表现出色。通过将商务知识融入商务英语教学中，教师能够为学生打开更广阔的职业发展之门，促进他们在全球化经济中取得成功。

3. 教学内容与指导

教师在教授商务英语课程时，应该充分利用语言学和商务知识的基础，设计并组织多样化的教学内容和指导活动。他们可以通过结合商务案例、商业文档、商务会话等真实实例材料，开展听力、口语、阅读和写作等各项技能的训练，促使学生全面提高商务英语水平。通过让学生接触到真实商务环境中的语言使用情境，教师可以帮助他们更好地理解商务英语的实际运用方式，如会议谈判、商务函电撰写、市场推广等。同时，教师还可以根据学生的学习需求和兴趣特点，量身定制个性化的教学计划和辅导方案，以便为每位学生提供个性化、针对性地学习支持。这种个性化教学模式有助于激发学生学习的热情和积极性，提高他们的学习效果和满意度。通过综合运用不同类型的教学资源和方法，教师可以为学生提供丰富、多元的学习体验，培养其全面发展的商务英语能力，并为他们未来的职业发展奠定坚实的基础。

（二）教学技能和沟通能力

1. 教学技能

商务英语专业的教师应该具备卓越的教学技能，能够熟练运用多样化的教学方法和工具，以营造丰富多彩的教学场景和氛围。他们应该具备灵活的教学策略，能够根据学生的需求和特点，选择合适的教学方法，确保教学内容贴近实际商务应用、具有可操作性。现代教育技术和多媒体资源的运用也是不可或缺的一部分，教师应当善于结合这些工具，设计生动有趣的教学活动，激发学生的学习兴趣和主动性。在课堂上，教师可以采用互动式教学、案例分析、角色扮演、小组讨论等多种教学形式，促进学生的思维碰撞和知识交流。此外，教师还应了解学生的学习习惯和心理特点，倡导积极的学习态度，引导学生探索学习的乐趣和意义。通过不断磨炼自己的教学技能，教师能够提升教学效果，培养出具备商务知识和语言技能的优秀学生，使他们在未来的职业领域中取得成功。教师的优秀教学技能不仅是促进学生成长，也是带动整个商务英语教育事业的发展，为社会培养更多具备国际竞争力的人才作出积极贡献。

2. 沟通能力

商务英语专业的教师在教学工作中，除了教学技能外，还需要具备良好的沟通能力。良好的沟通能力是构建师生关系、促进信息传递和交流的重要保障。教师应具备倾听学生意见和建议的能力，以保持与学生的互动和反馈渠道畅通，及时解决学生面临的问题和困惑，营造出一种温馨、和谐的学习氛围。通过与学生充分沟通，教师可以更好地理解学生需求，调整教学策略，提升教学效果，激发学生学习的积极性和热情。

此外，教师还应该具备与同事之间进行有效团队合作的能力。共同推动教学工作的不断发展和完善。在团队合作中，教师需要善于协调沟通，理解尊重他人意见，在团队中扮演积极的角色，推动团队合作的顺利进行。通过与同事密切合作，教师可以分享教学资源和经验，相互学习和促进进步，共同为学生的教育事业作出更大的贡献。

（三）持续学习和更新意识

1. 学习意识

商务英语专业的教师在教学工作中，需要具备持续学习和更新的意识。随着社会的发展与变化，商务领域和语言学领域的知识都在不断更新和演进，因此教师需要不断拓宽自己的知识储备和视野。保持学习的热情和积极性对于教师而言至关重要，唯有持续学习、不懈追求进步，才能更好地适应快速变化的教学环境与需求，为学生提供更加优质的教育服务。

持续学习意识不仅要求教师保持对新知识的渴望和探索，还需要他们善于主动反思自己的教学方法和效果，寻求改进和提高。在不断学习的过程中，教师可以参加学术研讨会、培训课程、教育展览等活动，结交同行，共同探讨教学中的挑战与解决方案。同时，积极阅读最新的教育理论和商务实践资料，时刻保持学习的韧性和活力，不断丰富自己的教学内容和方法。

除了学科知识的学习，教师还应注重提升自身的综合素养和能力。包括跨文化沟通技能、团队协作能力、领导才能等方面的发展。以全面的学习意识塑造自身的教学魅力和魄力，既能够激励学生的学习热情，也能为学生成长和职业发展提供全面的支持。综上所述，持续学习的意识是商务英语专业教师不可或缺的素养之一，通过不懈地学习和进步，教师将不断提升自己的教育水平和专业素养，为学生的学习之路点亮前行的灯塔，为商务英语教育事业的发展贡献力量。

2. 更新能力

教师的创新能力是其长期发展和教学水平提升的重要保障。他们可以通过多种方式获取最新的教学理论和方法，持续更新自己的教学理念和技能。参加学术会议、研讨会、培训课程等活动是常见的途径之一，通过这些渠道，教师可以与同行交流，了解最新趋势和研究成果，不断拓宽自己的学术视野。这种参与促使教师对教学充满激情，并更好地应用创新理念和方法于教学实践中。

除此之外，积极参与学术研究和教学实践也是提升更新能力的重要途径之一。通过参与研究项目和教学示范，教师可以积累丰富的教学经验和展示教学成果，不断提高自身的专业水平和影响力。在实践中发现问题、解决问题，进一步推动了个人教学观念的完善和发展。同时，与学生互动，倾听他们的反馈和建议，及时调整教学方法和内容，有助于优化教学效果，提高学生成绩和满意度。

第二节　商务英语专业师资的素质要求

一、语言专业知识与能力要求

（一）语言学知识

1. 语音学

商务英语专业的师资需要具备扎实的语音学知识，以提高学生的口语表达清晰度和准确性。语音学是研究语音和发音的科学，通过对音素、音韵等方面的研究，可以帮助教师深入理解商务英语中的发音特点和语音变化。

首先，教师需要掌握音素的概念及其在商务英语中的应用。音素是一种能够区分义项的最小音位单位，了解不同国际音标的发音方式及其在商务英语中的运用，教师可以帮助学生正确地区分和发音英语中常见的音素，如元音、辅音，甚至连读现象等。例如，正确区分 /r/ 和 /l/ 这两个容易混淆的音素，能够减少学生在进行商务演讲或电话交流时可能出现的发音错误。

其次，教师需要了解音韵的基本原理和规律。音韵是研究语音结构及其变化规律的学科，通过掌握商务英语中的音韵特点，教师可以更好地指导学生改善发音。熟悉商务英语中的重音模式和音节结构，例如英语中经常出现的弱读现象和连读规则，教师能够帮助学生准确地把握重音位置和音节边界，进一步提升学生的口语表达流利度和自然度。

最后，教师还需注意基本的语音教学技巧和纠音方法，使得学生能够更好地掌握商务英语的发音技巧。例如，在语音教学过程中，可以采用示范和模仿的方式，通过朗读、配音活动等练习，帮助学生准确模仿并掌握英语的语音特点。同时，注重纠音，帮助学生纠正常见的发音错误，例如汉语母语者容易出

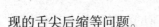

现的舌尖后缩等问题。

2. 语法学

商务英语教学中，语法是一个至关重要的组成部分，对于学生建立正确的语言表达能力和职业素养具有显著影响。商务英语专业的教师需要深入理解商务英语中的语法结构和用法，并能够通过清晰简洁的讲解和实例引导学生灵活运用语法知识。

在语法学的学习过程中，教师应该注重以下几个方面。

（1）教师需要掌握商务英语中常见的语法现象和规则

商务英语包含多种语法要素，如时态、语态、句型结构等。教师应当熟悉不同时态和语态的用法以及相应的句型结构，为学生提供清晰地讲解和示范。例如，教师可以解释商务交流中常用的将来时态、被动语态和条件句的构成和用法，帮助学生理解并正确运用。

（2）教师需要注重语法知识的实践性和应用性

仅仅掌握语法规则是不够的，学生应该能够在实际沟通中正确地应用语法知识。教师可以通过设计实用的商务场景和案例，鼓励学生进行口语练习和写作训练，并给予及时地反馈和指导。例如，在商务英语会议模拟中，教师可以设置不同的角色扮演，引导学生展示正确的会议讨论结构和商务用语。

（3）教师需要关注学生的个别差异，制定个性化的语法教学计划

不同学生的语法掌握程度和学习需求各不相同，教师应该根据学生的情况，提供个性化的辅导和指导。例如，对于语法薄弱的学生，教师可以提供更多的练习机会和补充材料，帮助他们加强语法意识和训练。

（4）教师应该鼓励学生自主学习和探究，培养其独立解决语法问题的能力

教师可以引导学生使用商务英语语法参考书、在线资源和语言学习工具等，培养学生的学习兴趣和能力。同时，教师应提供及时的反馈和纠错，帮助学生改正常见的语法错误，并鼓励他们主动解决复杂的语法问题。

3. 词汇学

词汇学在商务英语教学中占据着重要的地位，商务英语专业的教师需要深入了解商务领域常用的词汇，掌握词汇的各种特征，并能够有效引导学生扩展词汇量，提高在商务交流中的词汇准确运用能力。

（1）商务英语教师需要熟悉商务领域常用的行业词汇

商务领域涉及广泛，其中包含各种专业术语、行业名词和常用短语。教师应当了解商务谈判、市场营销、国际贸易等不同领域的独特词汇，并针对性地进行讲解和示范。例如，在商务谈判方面，教师可以重点介绍谈判技巧和相关词汇，如 offer、negotiation、deal 等，以帮助学生在商务谈判中表达准确、得体。

（2）教师需要掌握词汇的词性、词义和搭配关系

了解词汇的构成和词性对于学生正确理解和运用词汇至关重要。教师可以通过举例和语境演绎等方式，帮助学生掌握词汇的多种用法，了解具体词语在不同语境下的意义和搭配规律。这有助于学生准确地理解和运用商务英语中的词汇，避免产生歧义和误解。

（3）教师还应注重商务词汇的常见惯用法和短语表达

商务英语中存在大量惯用词组和固定搭配，这些短语通常反映了商务交流中的习惯表达方式和套路。教师可以引导学生学习并运用这些惯用法，使他们在商务沟通中更加自然流畅。例如，熟练掌握如 "reach an agreement" "sign a contract" 等常见商务短语，可以提高学生在商务场景中的语言表达能力。

（二）英语专业能力

1. 英语文学

商务英语专业的教师应当具备涉猎英语文学的能力，将文学作品与商务实践相结合，为学生提供更为丰富和综合的语言学习体验。通过引入英语文学作品的赏析，不仅可以有助于学生提高语言运用能力和文学素养，同时也能够为他们带来更广阔的视野和思维启迪。

首先，英语文学作品的赏析可以帮助学生拓展词汇量和语法应用。文学作品往往包含丰富多样的词汇和句型结构，通过对文学作品中的词语、句子进行深入分析和理解，学生可以不仅学到新的词汇和语法知识，还能够感受到词汇和语法在实际语境中的应用方式，有助于他们在商务英语实践中更加灵活准确地运用语言。

其次，文学作品赏析可以激发学生对英语学习的兴趣和热情。文学作品常常蕴含着丰富的情感和思想，通过品读文学作品，学生可以感受到不同文化背

景下的情感和人生体验，从而激发出他们对学习英语的热情和动力。同时，文学作品中的人物塑造和情节展开也可以启发学生对商务场景中人际交往和沟通技巧的思考，提升他们的综合素养和职业潜力。

结合文学作品和商务实践，教师可以设计相关的案例分析和讨论活动，帮助学生将文学作品中所传达的价值观念和情感体验与商业环境相联系，培养学生的审美情趣和文化修养。例如，通过解读商务文学作品中的商业伦理、职业道德等主题，学生可以深入探讨商务领域中的相关议题，并进一步完善自身的商务素养和职业规划意识。

2. 英美文化

对于商务英语专业的教师而言，了解英美国家的文化传统和习俗是至关重要的。通过深入了解西方商务文化的特点和礼仪规范，教师可以帮助学生在跨文化交流中更加得心应手，增强他们的沟通能力和适应能力。

首先，教师应当介绍英美国家的商务文化特点。英美国家有着悠久的商务传统和独特的商业文化，包括注重效率、尊重时间、推崇合作等特点。教师可以通过解读西方商务文化中的价值取向和行为准则，帮助学生理解跨文化交流中的差异和共通之处，培养学生对不同文化背景下商务行为的敏感性和理解力。

其次，教师需要介绍英美国家的商务礼仪规范。在英美商务环境中，礼仪举止是极为重要的，正确的商务礼仪可以展现出个人的专业素养和社交能力。教师可以通过角色扮演、案例分析等方式，教导学生如何进行商务拜访、商务会议、电子邮件沟通等各种商务场景下的礼仪规范，帮助他们提升在商务交流中的形象和信任度。

最后，教师还可以通过介绍英美国家的节庆习俗和商务活动，帮助学生了解西方文化的多样性和丰富性。例如，在圣诞节、感恩节等西方重要节日，商务活动也常常伴随着特定的礼仪和传统，了解这些节庆习俗不仅可以促进跨文化交流，还可以帮助学生更好地融入西方商务社会，拓展商务机会。

3. 翻译技巧

在商务英语教学中，翻译是一个至关重要的技能要求，教师需要具备扎实的翻译技巧，以便准确理解商务文件或口译内容，并进行精准的翻译工作。通过培养学生的翻译能力，可以帮助他们在日常工作中克服跨语言交流障碍，提升专业素养和竞争力。

首先，教师在教学中应着重强调词汇翻译的准确性。商务英语中常涉及大量的专业术语和行业名词，教师应引导学生掌握各类商务词汇的翻译方法和技巧，包括直译、意译、同义替换等。通过练习和案例分析，学生可以提高对商务词汇的理解和运用，在翻译过程中保证信息传递的准确性。

其次，句子结构和语法翻译也是翻译技巧中的关键点之一。商务文件往往包含复杂的句子结构和语法规则，教师需要指导学生如何准确理解原文句子的逻辑结构，并将其转换成符合目标语言语法规范的表达方式。通过训练和实践，学生可以提高在处理商务文本时的语法翻译能力，避免产生歧义和错误。

最后，文化背景和语言习惯的考量也是翻译技巧中不可忽视的部分。在商务翻译中，不同国家和文化有着不同的语言表达方式和沟通习惯，教师应引导学生灵活运用文化意识和语言习惯，确保翻译作品符合目标读者的心理预期和交流习惯。通过对实际案例的讨论和模拟练习，学生成长能够培养在跨文化环境中进行有效翻译的能力。

二、商务实践经验与教学技能要求

（一）商务实践经验

1. 了解商务行业

商务英语专业的教师需要对商务行业的最新发展动态和市场趋势有着深入了解。这样的了解将为他们提供更新的知识储备，帮助教师不仅在培养学生，而且也在提升自身专业素养和教学水平。在当今快速变化的商务环境中，紧密关注商务行业的变化、新兴产业的兴起以及国际商务的发展趋势是至关重要的。

（1）商务英语专业的教师应关注商务环境的变化

随着科技进步和社会需求的变化，商务环境不断演变，涌现出新的商业模式和趋势。教师可以通过订阅商业杂志、参与行业研讨会、关注专业网站等手段，及时了解商务环境中的重要动向，如数字化转型、可持续发展、人工智能应用等，以便在教学中引入最新的商业案例和实践经验，激发学生的学习兴趣。

（2）教师需要密切关注新兴产业的兴起

随着全球经济的快速发展，一些新兴产业如生物技术、人工智能、清洁能源等得到不断推广和应用。了解这些新兴领域的发展趋势和商业模式，教师可以将相关内容融入课堂教学，帮助学生把握未来商业机遇，为他们未来的职业发展提供更丰富的视野和策略性思考。

（3）关注国际商务的趋势

随着全球化进程的加快，国际商务合作变得越来越频繁和紧密。了解国际商务的发展态势、贸易政策、国际市场的竞争情况等内容，有助于教师及时调整教学内容，培养学生具备跨文化交流和国际商务开展的能力，提升他们在国际舞台上的竞争力。

2. 商务活动流程

作为商务英语专业的教师，了解商务活动的各个环节以及相关领域的流程至关重要。教师应熟悉商业谈判、市场营销、国际贸易等关键领域，并掌握商务活动的基本规范和程序，以便为学生提供丰富多样的商务案例和实践经验，帮助他们将理论知识应用于实际工作中。

（1）商务英语教师应具备对商业谈判的深入了解

商业谈判是实现商务合作的关键环节，教师需要指导学生掌握谈判技巧和策略，培养良好的沟通能力和问题解决能力。教师可以通过模拟谈判、案例分析等方式，让学生在实际情境中体验商业谈判的过程和技巧，理解不同文化背景下的谈判方式和沟通习惯。

（2）教师还应了解市场营销的流程和策略

市场营销是企业推广产品和服务的关键环节，教师需要教导学生市场调研、产品定位、市场推广和销售管理等相关知识。通过引入真实案例和市场分析，在课堂设置角色扮演和团队合作活动，可以帮助学生了解市场营销的策略和实施过程，培养他们在市场竞争中的敏锐洞察和创新思维。

（3）教师还需了解国际贸易的流程和规则

国际贸易涉及不同国家之间的商务往来和交流，教师需要教授学生国际贸易的基本概念、贸易政策、成交方式和物流运作等内容。可以通过案例分析、模拟操作等活动，让学生了解国际贸易的全过程，培养他们在国际商务中的风险意识和战略思维。

3. 实际工作经验

商务英语专业的教师应该通过积极参与商务实践，拥有一定的实际工作经验。这种实际经验使得教师能够向学生分享真实的商务案例和个人经历，为他们提供实用的商业见解和解决问题的思路。教师的实际工作经验不仅可以增强教学的实践性和可操作性，还能够帮助学生更好地理解商务知识，并将其应用到实际的职业生涯中。

（1）教师的实际工作经验可以为学生提供具体的商务案例

通过分享真实的商务案例，教师可以让学生加深对商业环境的理解，并帮助他们了解商务决策过程、战略制定以及问题解决的方法。通过分析这些案例，学生可以学习实际操作中所面临的挑战和解决方案，培养分析和解决问题的能力。同时，讲述教师自己在商务实践中的成功案例和失败经验，也能让学生获得宝贵的教训和经验。

（2）教师的实际工作经验可以提供行业洞察和最新趋势

随着商业环境的快速变化，教师的实际工作经验使他们能够了解行业内最新的发展动态、趋势和市场需求。通过分享自身参与的项目经验和对行业变革的观察，教师可以帮助学生掌握行业内核心领域的知识和技能，提前适应行业的发展需求。

（3）教师的实际工作经验还能够传递职业素养和成功的秘诀

教师可以分享在商务工作中遇到的挑战和成功的经验，向学生传授解决问题和克服困难的方法。此外，教师还可以教导学生如何与其他同事和客户建立良好的合作关系，并推动自身职业发展。通过这些实际的经验教训，学生可以更全面地了解商务领域的要求和挑战，为他们未来的职业发展做好准备。

（二）教学技能

1. 多样化教学方法

商务英语专业的教师应该灵活运用多种教学方法和手段，以满足不同学生的学习需求和学习风格。下面是一些常见的多样化教学方法，可以帮助教师丰富教学内容，激发学生的兴趣并增强他们的主动参与。

（1）讲授式教学

这是最常见的教学方法之一，教师通过讲解理论知识、演示实践技巧等方式将知识传达给学生。在讲授过程中，教师应注意生动形象地呈现，结合实际案例和图表等辅助工具，提高学生的吸收和理解能力。

（2）实践操作

商务英语是一门实践性较强的学科，因此实践操作是教学中必不可少的一环。教师可以设计实践任务、模拟商务场景、组织实地考察等活动，让学生亲自动手实践，加深对商务知识和技能的理解和把握。

（3）小组讨论

小组讨论是促进学生互动和合作的有效方法。教师可以将学生分成小组，让他们在教师的指导下一起讨论问题、共同解决难题。通过互动交流，学生可以分享观点、探讨疑问，提高他们的沟通和团队合作能力。

（4）角色扮演

角色扮演是一种逼真的情景模拟教学方法，能够帮助学生更好地理解和运用所学的商务知识和技能。教师可以设计商务案例，让学生扮演不同角色，在实际情境中演练商务交流和问题解决的能力。

（5）外部资源利用

教师可以引入外部资源，如嘉宾讲座、企业参观等活动，以丰富教学内容，加强学生对商务行业的了解。通过与专业人士的互动和现实案例的分享，学生可以接触到真实的商务环境和商业实务，提高他们对商务领域的认知和专业素养。

2. 激发学习动力

商务英语专业的教师在教学过程中应该善于激发学生的学习动力和积极性，以提高他们的学习效果和成就感。以下是一些方法和策略，可以帮助教师更好地激发学生的学习兴趣和动力：

（1）生动的商务故事

教师可以通过讲述生动的商务故事，引发学生的兴趣和好奇心。这些真实的商务案例可以帮助学生更好地理解理论知识的应用，同时激发他们对商务行业的热情。故事情节中的挑战和成功经验也可以启发学生思考和学习。

（2）实际案例分析

设计与学生实际生活密切相关的案例分析，可以让学生在情境中体会商务知识的应用和实际效果。通过分析真实案例，学生可以感受到商务决策的复杂性和挑战性，从而更深入地理解课程内容并增加学习动力。

（3）互动式教学

开展互动式的授课方式，如小组讨论、角色扮演、案例研究等，能够有效激发学生的学习兴趣和积极性。在互动中，学生能够参与讨论、表达观点，增强学生的自信心和团队合作意识，从而更好地融入学习氛围。

（4）实践操作机会

为学生提供参与实践操作的机会，如模拟商务活动、实地考察、实习实训等，可以让学生将理论知识应用到实际工作中，激发学生对商务学习的实际需求和追求。实践操作能够增强学生的实践能力和解决问题的能力，使学习更具深度和实效性。

（5）学习目标设定和反馈

教师应该帮助学生设定明确的学习目标，并提供及时地反馈和指导。通过设立具体可量化的学习目标，学生能够更清晰地知道自己的努力方向，增加学习动力和成就感。及时地反馈可以指导学生调整学习策略，体现个人进步，激发学习动力。

（6）鼓励与赞扬

教师在教学过程中应当注重鼓励和赞扬。及时表扬学生的优点和进步，激发他们的学习热情和自信心。正面的反馈可以帮助学生建立积极的学习态度，持续保持学习动力。

3.个性化指导

商务英语专业的教师在教学中应该重视学生的个体差异，制定个性化的教学计划和评估方式，以更好地促进每位学生的学习成长。通过深入了解每个学生的学习需求和学习目标，教师可以有针对性地为他们提供个别辅导和指导，同时提供个性化的学习建议和资源，从而帮助学生在商务英语学习中取得更好的成绩。

个性化指导要求教师在教学中注重与学生的互动和交流，从而更好地把握每个学生的学习状况和需求。教师可以通过与学生面对面的谈话、在线沟通等方式，了解每位学生的学习风格、学习优势与不足，以及个人对商务英语学习的态度和期望。这种个性化的交流能够建立起师生之间的信任和连接，为后续的个性化指导奠定基础。

随后，教师可以根据学生的学习需求和目标，量身定制个性化的教学计划，确保教学内容和方式能够最大限度地符合学生的学习特点和需求。例如，对于喜欢听故事的学生，可以通过讲述商务案例来激发他们的学习兴趣；对于偏向实践的学生，可以安排实地考察或模拟商务场景来增强他们的实际操作能力。

除此之外，教师还需要针对每位学生的学习情况和表现提供个别的辅导和指导。通过观察学生的课堂表现、作业完成情况以及考试成绩等方面，教师可以及时发现学生的学习困难和挑战，给予个性化的学习建议和支持。例如，对于需要额外练习口语的学生，可以推荐相应的口语练习资源；对于需要加强写作能力的学生，可以提供写作训练材料和指导。

最后，在个性化指导中，教师还应该定期进行学习成果的评估和反馈。通过及时的学习评估，教师可以了解每位学生的学习进度和问题，及时调整教学策略和资源分配，以便更好地支持学生的学习。同时，给予学生积极的反馈和鼓励，帮助他们建立自信心，持续激发学生的学习动力和兴趣。

第三节　基于复合型人才培养的商务英语专业教师的发展途径

一、教师培训与发展计划设计

（一）定期培训

1.定期培训课程

（1）设计合理的课程内容

学校可以制定一系列涵盖多方面教学内容的定期培训课程，包括但不限于教学理论、教育心理学、商务英语教学方法与技巧、课程评价与反馈等领域。这些课程应当精心设计，紧跟最新的教育发展趋势，确保教师在培训中获取到充实的知识和实用的技能。

（2）专业化的教学资源提供

培训课程应当提供丰富的专业教学资源，包括案例研究、教学技术应用、最佳实践分享等方面的资料和指导。这些资源可以来自内部的教学专家或者外部的行业领军人士，为教师提供广泛而深入的教学参考和支持。

（3）实践操作与案例分析

培训课程应当注重实践性和案例分析，帮助教师将理论知识与实际教学相结合。通过实践操作和案例分析，教师可以更好地应用所学知识于日常教学实践中，并掌握解决实际教学问题的方法与策略。

2.教学技能提升

（1）个性化的教学指导

培训课程应该针对不同教师的需求和水平，提供个性化的教学指导和辅导。通过个别指导和辅导，教师可以更有针对性地提升自身的教学技能，改进教学方法，增强课堂管理能力，提高教学效果。

（2）体验式学习和互动交流

培训课程可以倡导体验式学习和互动交流，通过模拟教学情境、小组讨论、实践演练等互动方式，激发教师学习的积极性和参与度。这种互动学习方式有助于加强教师之间的沟通与合作，促进共同成长。

3.评估与反馈

（1）定期评估与自我反思

培训课程应该设立定期的评估机制，通过问卷调查、实际观察等方式，定期评估教师的学习效果和提升情况。同时，鼓励教师进行自我反思，总结经验、找出问题并制定改进计划。

（2）提供有效的反馈机制

培训课程还应该提供有效的反馈机制，包括但不限于个别指导、集体讨论、专业评价等形式。通过及时有效地反馈，可以帮助教师更好地认识到自身的教学优势和不足，进一步完善教学技能，提高教学水平。

（3）持续改进与进阶发展

在评估和反馈的基础上，培训课程应当鼓励教师进行持续改进和进阶发展。学校可以提供进阶培训课程或晋升机制，帮助教师不断提升自身的教学能力和专业素养，实现教学事业的长远发展目标。

（二）研讨会和学术交流活动

1.研讨会

（1）组织形式和内容

学校定期举办商务英语专业教师的研讨会，重在邀请内外部专家分享教学经验和研究成果。这些研讨会可以通过线上或线下的方式进行，包括研讨报告、教学案例分享、最佳实践探讨等形式。通过这些交流活动，教师有机会学习到行业最新动态、拓宽学术视野，并与其他教师展开深入的学术交流和讨论。

（2）邀请专家和学者

研讨会的成功关键之一在于邀请到具有丰富经验和专业知识的专家和学者。这些专家可以是商务英语领域的资深教师、行业资深人士或国内外知名学者。他们的分享内容应涵盖教学方法、课程设计、评估与评价等多个方面，为教师们提供启发和指导。

（3）学术交流和讨论

研讨会还应设立充分互动的环节，鼓励参会教师积极参与学术交流和讨论。可以通过小组讨论、问答环节、专题演讲等形式，促进与会教师间的思想碰撞和经验分享。这种深入的学术交流将有助于促进教师的专业成长和教学水平提升。

2. 学术交流活动

（1）参加学术会议和研讨会

学校鼓励商务英语专业教师积极参加国内外的学术会议和研讨会。在这些学术活动中，教师可以通过展示自己的研究成果、发表学术论文、参与学术演讲等方式，扩展自身的学术影响力和威望。同时，与其他领域的学者和专家进行深入交流，获取宝贵反馈和建议，推动自身研究工作的进展。

（2）发表论文和研究成果

除了参加学术会议，教师还应当积极投稿并发表商务英语领域相关的学术论文。通过在国内外知名期刊上发表高质量的论文，教师不仅可以为学科发展贡献力量，还能够提高个人学术声誉和地位。同时，编撰学术著作也是提升学术价值和贡献的重要途径。

（3）学术讨论与合作研究

学校鼓励教师积极参与学术讨论和合作研究项目。可以与其他学校、机构的教师和研究团队展开合作，共同探讨商务英语教育领域的研究问题，推动学科的发展。通过学术合作，教师可以相互借鉴、互相启发，产生更多的创新思维和解决方案。

3.国际交流与合作

（1）参加国际交流项目

学校鼓励教师参加各类国际交流项目，如访问学者计划、国际学术会议等。通过参与这些项目，教师可以了解全球商务英语教学的前沿动态和最新理念，拓宽国际视野和跨文化沟通能力，为教学实践和研究工作提供新的思路和灵感。

（2）举办国际学术会议

学校可以主办或参与国际商务英语领域的学术会议，邀请国内外专家和学者汇聚一堂，共同讨论和探索行业热点和难点问题。这样的国际学术会议将极大促进学术交流和合作，推动商务英语教育领域的跨越式发展。

（3）开展合作研究项目

学校鼓励教师与国外大学和研究机构开展合作研究项目。通过合作研究，教师们可以借鉴国际领先的教育理念和最佳实践，结合国内实际情况进行研究，推动商务英语教育水平全面提升。这种跨国合作将促进学术交流和人才培养的国际化，为教师个人职业发展和学校国际化进程带来丰厚回报。

（三）建立教师交流平台

1.在线交流平台

（1）建立在线交流平台

学校可以通过建立专门的在线平台，如教师论坛或教师群组，为商务英语专业教师提供一个方便快捷的交流平台。该平台可以设立多个板块，涵盖教学经验分享、教学方法探讨、教材资源共享等内容，以满足教师们对知识和资源的需求。

（2）分享教学经验与资源

教师可以利用在线交流平台分享自己在商务英语教学中的成功经验和创新做法。他们可以介绍特定课堂教学活动的设计和实施方法、影响学生学习成果的有效策略，同时还可以上传和分享教案、教学素材和课件等教学资源，以供其他教师参考和借鉴。

（3）提供问题咨询与解答

在线交流平台可以成为教师们解决问题和寻求帮助的重要渠道。教师可以在平台上提出自己面临的教学困惑、课堂管理问题、评估与反馈难题等，并获得其他教师的意见和建议。这种共同探讨问题、相互帮助的环境将促进教师之间的共同成长和进步。

2. 学术社区

（1）组建学术社区

为了促进教师之间的面对面交流和学术合作，学校可以组建商务英语专业教师的学术社区。这可以是一个定期举行会议、讲座和研讨活动的组织，也可以是一个在线或线下的研究小组，旨在提供一个相互学习和交流的平台。

（2）举办交流活动和讲座

学术社区可以定期举办交流活动、讨论会和讲座，邀请内外部专家或具有丰富经验的教师进行主题演讲。这些活动可以涵盖商务英语教学热点、新兴趋势和教学实践案例等内容，引领教师们关注最新的学术动态和教育前沿。

（3）深入学术讨论

学术社区的核心在于为教师们提供一个共同深入探讨研究课题和学术问题的机会。通过定期组织学术研讨会、研究小组会议等形式，教师们可以分享各自的研究成果、经验和观点，进行专业性的讨论和辩论，促进学术思想的碰撞和创新。

3. 合作研究项目

（1）合作研究团队

通过教师交流平台，学校可以鼓励教师自发组建合作研究团队，共同开展商务英语教育领域的研究项目。团队成员可以在研究课题、数据收集与分析、论文写作等方面展开合作，共同推动研究的深入和创新。

（2）共享资源与成果

合作研究项目的一个重要成果就是共享研究过程和成果。教师们可以在交流平台上分享项目中的调研方法、调查问卷、数据处理技术等研究工具和资源，通过共享和讨论，提高项目整体的研究质量和效果。

（3）推动学科发展

合作研究项目不仅对于教师个人的学术发展有帮助，同时也能够促进商务英语专业领域的发展。合作研究项目可以形成一系列高质量的研究成果，推动学科的创新和发展，在国内外产生学术影响力，为教师个人的职业发展打下坚实基础。

二、学科交流与跨学科合作机制建立

（一）跨学科教学团队

1.团队组建

（1）邀请跨学科专家和教师

在建立跨学科教学团队时，学校需要邀请来自不同学科领域（如语言学、商务管理、国际贸易等）的专家和资深教师参与。这些专家和教师应具备丰富的教学经验和研究水平，能够为商务英语专业的教学工作提供宝贵的意见和建议。

（2）明确领导者和成员角色分工

跨学科教学团队中需要明确一个领导者，负责组织和协调团队成员的工作。同时，每个成员也应按照自身的专业特长和兴趣在团队中承担具体的工作任务，如课程设计、教材选择、教学实施等，确保团队的工作高效有序地进行。

（3）充分利用各学科优势

跨学科教学团队的成功关键之一在于充分利用各学科的优势和特长。团队成员应相互学习、交流，通过深入了解其他学科领域的专业知识和教学方法，将不同学科的理论和实践相结合，为商务英语专业的教学提供全面而综合性的支持。

2.合作研究

（1）研究课题选择

跨学科教学团队可以共同研究商务英语与其他学科的交叉点和融合处。团队成员可以根据自身专业背景和研究兴趣选择具有潜力和创新性的研究课题，通过深入研究和实践探索，促进不同学科之间的知识共享和整合。

（2）数据收集与分析

合作研究项目需要进行系统的数据收集和分析。团队成员可以根据研究课题的需要，采用定量和定性的研究方法，收集和分析相关数据，从而得出有价值的研究结果，并进行进一步的讨论和解读。

（3）共享研究成果

合作研究项目的一个重要成果是共享研究成果。团队成员可以通过会议报告、学术论文发表等方式，将研究成果与学术界和教育界分享，并获得反馈和评价。这种共享与交流将促进知识的传播和应用，并推动学科的进一步发展。

3.课程设计与创新

（1）结合多学科专业知识

跨学科教学团队成员可以结合各自学科的专业知识，共同参与商务英语专业课程的设计和更新。团队成员可以就不同学科的重要概念、理论和实践经验进行深入讨论和思考，打造一个全面、综合和前沿的课程体系。

（2）注重课程多样性与综合性

跨学科教学团队的合作可以丰富商务英语专业课程的内容，增加多样性和综合性。通过将不同学科学习的视角和方法引入课程设计中，教师可以提供更具丰富性和针对性的教学内容，让学生获得更全面的知识和技能。

（3）培养跨学科思维与综合素养

跨学科教学团队的课程设计和实施将培养学生的跨学科思维和综合素养。通过引入多学科的知识和观点，培养学生的批判性思维和问题解决能力，使其能够在复杂的商务环境中进行综合性的思考和决策。这将有助于学生在未来的职业发展中获得竞争优势。

（二）跨学科研究项目

1.项目合作机制

（1）教师积极参与跨学科研究项目

为了促进商务英语专业的教师参与跨学科研究项目，学校可以建立一套积极的激励机制。通过设立专门的研究基金或项目支持机制，给予教师充分的资源和资金支持，鼓励教师申请并开展与其他学科领域的合作研究项目，为跨学科合作打下良好的基础。

（2）建立合作关系

教师在参与跨学科研究项目时，需要与其他学科专家建立起合作关系。学校可以促进不同学科之间的交流与合作，组织跨学科研讨会、学术论坛等活动，为教师之间搭建沟通和合作的平台，推动跨学科研究项目的顺利进行。

（3）资源和支持保障

除了资金支持外，学校还应提供必要的人力资源和科研支持服务，帮助教师顺利开展跨学科研究项目。这包括研究生支持、实验室设备共享、文献检索服务等，确保教师们能够在研究过程中得到全面地支持和帮助。

2. 研究内容和方向

（1）交叉研究领域

跨学科研究项目的内容和方向可以涉及商务英语与其他学科领域的交叉研究。例如，可以探讨商务英语在商业沟通、商务策略、国际市场营销等方面的应用与影响，挖掘跨学科研究的潜力和可能性，促进学科之间的跨界融合。

（2）复合型人才培养研究

跨学科研究项目可以着重探讨复合型人才培养的策略和方法。教师们可以从不同学科角度出发，研究商务英语教育与商业管理、国际贸易等学科的整合，探索多元知识与技能培养的有效途径，为商务英语专业的教学实践和课程改革提供更具深度和前瞻性的理论支撑。

（3）理论支持与实践探索

在跨学科研究项目中，教师们既可以借助学科交叉的思维模式探索新理论，也可以结合实际教学情况进行案例分析和实践探索。通过理论与实践的结合，教师们可以为商务英语专业的教学和人才培养提供更全面和具有针对性的指导。

3. 学术交流与成果发布

（1）促进学术交流

教师参与跨学科研究项目后，应积极与合作伙伴进行学术交流和合作。定期组织研讨会、学术讲座等活动，分享项目进展和研究成果，促进学术思想的交流与碰撞，推动项目的顺利进行和成果的共享。

（2）发表学术成果

教师们应将研究成果发表在有影响力的国际学术期刊或学术会议上，提升研究成果的学术认可度和影响力。通过学术论文的发表和报告，将项目的研究成果推广至学术界和社会大众，提高学校和团队在相关领域的学术声誉和影响力。

（三）合作教学活动

1. 交叉课程设计

学校可以通过设立跨学科的交叉课程，将商务英语专业课程与商务管理、国际贸易等相关学科的课程相结合，实现学科之间的有机交叉和综合发展。交叉课程设计旨在拓宽学生的知识视野，提供更全面的学术培养和综合素质发展。

首先，交叉课程设计为学生提供了更广泛的知识体系。传统的单一学科课程难以满足学生全面成长的需求。通过将商务英语专业课程与商务管理、国际贸易等相关学科的课程相结合，学生可以接触到更多领域的知识，增强自己的学科综合能力。例如，商务英语专业的学生可以学习商务管理的课程，了解组织管理、营销策略等方面的知识，从而更好地应对实际工作环境中的挑战。

其次，交叉课程设计促进学科之间的融合与创新。不同学科领域存在着密切的关联和互动，跨学科交叉可促使各学科之间的合作与创新。例如，商务英语与国际贸易的交叉课程可以探索国际商务的语言沟通特点和文化交流策略，为学生提供更深入的学术研究和实践机会。交叉课程设计激发学生的创新思维和综合分析能力，培养学生的跨学科思维和问题解决能力。

最后，交叉课程设计可以加强学生的实践能力培养。跨学科的课程设计往往融合了理论知识和实践案例，帮助学生将所学的知识运用到实际问题解决中。通过实践环节的设置，学生可以主动参与到实际项目中，获得实践经验，并培养解决实际问题的能力。例如，在商务英语与商务管理的交叉课程中，学生可以参与模拟商务谈判、公司运营管理等实践活动，锻炼自己的沟通、协商和决策能力。

2.联合实习项目

教师团队在共同设计和指导商务英语专业学生参与的联合实习项目时，扮演着重要的角色。这样的实习项目不仅可以让学生跨越不同学科的边界，还能为他们提供一个多元化的工作环境和问题场景，在实践中培养跨学科思维和综合应用能力。

首先，联合实习项目的设计需要教师团队跨越单一学科的限制，结合商务英语专业的特点和实际需求，与其他学科的专家共同设计项目内容和目标。例如，项目可以涉及商务英语的语言沟通技巧与商务管理的团队协作能力的结合，让学生从多个学科角度进行思考和实践，促进综合素质的全面提升。

其次，教师团队在实习项目中的指导和监督至关重要。他们需要给予学生实时的指导和反馈，引导他们探索解决复杂问题的途径，并在面临挑战时提供支持与帮助。同时，教师团队也应该与企业合作伙伴密切配合，确保学生在实习过程中能够获得真实的工作经验和有效地培训。

最后，联合实习项目的意义不仅在于让学生获得实践经验，更在于培养学生的跨学科思维和综合应用能力。在实践中，学生需要不断地结合商务英语、商务管理等学科的知识，分析问题、制定解决方案，并与团队成员合作完成任务。这种跨学科的实习经历可以激发学生的创新思维，提升他们的综合素质，为未来的职业发展奠定坚实的基础。

3. 评估与反馈机制

跨学科合作教学活动的有效评估和反馈机制对于确保教育目标的实现至关重要。在跨学科合作教学活动中，学生、教师和企业的反馈意见的及时收集和综合分析是评估机制的核心。通过不断地评估和改进，可以优化教学活动的设计和实施，提高学生的学习体验和教学效果。

首先，学生的评估是评估与反馈机制中一个重要的方面。学生可以通过问卷调查、讨论小组、课程反思等方式提供他们对跨学科合作教学活动的评价和建议。这些反馈意见可以涉及课程内容的难易程度、教学方法的有效性以及实践环节的实际应用等方面。学生反馈的收集和分析可以为教师团队提供有益的指导，有助于优化教学设计和教学效果的提升。

其次，教师的反馈和评估同样重要。教师可以通过观察课堂表现、听取学生意见、教学记录等方式收集教学过程中的相关信息。同时，教师还可以与其他教师进行交流和讨论，分享经验和教学策略，以便改进和创新跨学科合作教学活动的模式和方法。教师的反馈和评估可以促使他们不断提高教学水平，更好地服务于学生的学习需求。

最后，与企业建立紧密的反馈机制也是评估的重要环节。教师团队可以与企业合作伙伴进行定期的反馈交流，了解学生在实习过程中的表现和所需改进的方向。企业的意见和建议有助于教师团队了解学生在实际工作中的表现，并针对性地进行指导和培训。这种合作与反馈机制不仅能够提升实习项目的设计和实施，还可以增强学生的实践能力和综合素质。

第七章　高校商务英语专业复合型人才培养的评价

第一节　建立复合型人才培养的评估指标和评价体系

一、学术素养

（一）语言表达能力评估指标

1.口语表达

（1）流利度

评估学生在商务英语交流中的口语流畅程度，包括语速、停顿和连贯性。考查学生是否能够用流利的语言表达自己的观点和想法，以及是否具备自如地进行口语交流的能力。

（2）发音准确性

评估学生的发音准确性，包括音标发音、单词发音和语音语调等方面。能否正确地发出各种音节音素，以确保听众能够准确理解学生所表达的内容。

（3）语法运用

评估学生在口语表达中的语法运用能力，包括时态、语态、句型结构等方面。要求学生能够准确使用各类语法规则，避免语法错误，提高口语表达的规范性和准确性。

（4）词汇丰富程度

评估学生口语表达中的词汇丰富程度，包括词汇量、词汇搭配和词汇运用的灵活性。要求学生能够使用多样化、恰当的词汇，丰富语言表达的层次和内涵。

2. 写作能力

评估学生在商务英语写作中的能力，包括文体准确性、逻辑结构清晰度、语法正确性和词汇运用准确性等因素。

（1）文体准确性

评估学生在商务英语写作中使用恰当的文体和语言风格能力，是否符合商务写作的规范要求。要求学生在写作中能够灵活运用不同的文体，如正式、半正式和非正式，以适应不同的商务场景。

（2）逻辑结构清晰度

评估学生在商务英语写作中组织文章结构的能力，包括开头、主体和结尾的合理布局，并且能够使文章的逻辑关系清晰明了，脉络清晰。

（3）语法正确性

评估学生在商务英语写作中的语法运用准确性。要求学生能够准确使用各类语法规则，包括时态、语态、句型结构等，避免语法错误，提高写作的准确性和可读性。

（4）词汇运用准确性

评估学生在商务英语写作中词汇选择和运用的准确性，包括词汇量的丰富性、词汇搭配能力和词汇运用的灵活性。要求学生能够使用准确、恰当的词汇，使写作更加有力和富有表现力。

3. 听力理解能力

评估学生在商务场景下理解和解析听力材料的能力，包括关键信息捕捉、主旨把握、细节理解和推断等。

（1）关键信息捕捉能力

评估学生在商务场景下对听力材料中关键信息的识别和捕捉能力。考查学生是否能够准确抓取重要信息，对相关细节和数据做出正确的分析和汇总。

（2）主旨把握能力

评估学生在商务英语听力过程中把握主题和主旨的能力。要求学生能够从听力材料中快速准确地理解核心内容和中心思想，归纳总结关键信息。

（3）细节理解能力

评估学生对商务英语听力材料细节的理解和解析能力。包括对具体事实、数字数据、背景信息等细节的准确理解和分析处理能力。

（4）推断能力

评估学生在商务场景下通过听力材料推断信息和结论的能力。要求学生能够根据所听到的内容进行逻辑推理和推断，提炼出隐含信息并做出合理判断。

（二）学术研究能力评估指标

1. 文献阅读和理解

评估学生对商务英语领域相关文献的阅读和理解能力，包括对核心观点的把握、论证逻辑的理解和批判性思维能力等。

（1）核心观点把握能力

评估学生对商务英语领域相关文献中核心观点的理解和把握能力，包括对作者观点的准确识别、主要论点的推断和总结，以及对论证逻辑的分析。

（2）论证逻辑理解能力

评估学生对商务英语文献中论证逻辑的理解和评估能力，包括作者所采用的论证方法、论据和结论之间的逻辑关系，以及对论证有效性的判断和评价。

（3）批判性思维能力

评估学生对商务英语文献进行批判性思考和分析的能力，包括对作者观点的质疑、提出有力的反驳或补充意见，以及形成自己独立见解和观点的能力。

2. 学术写作能力

评估学生在商务英语领域开展研究时的写作能力，包括科学论文结构的应用、语言表达的准确性、逻辑推理和文献引用的规范性等。

（1）科学论文结构的应用

评估学生在商务英语领域开展研究时的论文结构设计和应用能力，包括摘要、引言、方法、结果、讨论和结论等部分的组织架构是否合理清晰，符合学术写作规范。

（2）语言表达的准确性

评估学生学术写作中语言表达的准确性和准确性，包括专业术语使用的准确性、语法结构的规范性、表达方式的清晰度和精确性等方面。

（3）逻辑推理能力

评估学生在学术写作中逻辑推理和思维能力，包括论据的衔接和推导、结论的得出符合逻辑、段落之间的逻辑关系和连贯性等内容。

（4）文献引用的规范性

评估学生在学术写作中文献引用的规范性和准确性，包括引文格式的正确应用、引文信息的准确记录和标注、引文与文章内容的匹配度等方面。

二、跨学科能力

（一）跨学科思维能力评估指标

1. 综合分析能力

评估学生从不同学科领域收集、整理和分析信息的能力，包括将多学科知识进行融合和应用的能力。

（1）多学科知识融合

评估学生从不同学科领域获取的信息，将其进行整合、归纳和分析的能力。要求学生能够综合运用各学科知识，建立学科之间的联系和共通性。

（2）信息收集和整理能力

评估学生从多个学科领域收集、筛选和整理信息的能力。包括有效搜索和挖掘信息来源、搜集相关数据和资料，以及对收集到的信息进行整理和加工的能力。

（3）多角度问题分析

评估学生从不同学科视角分析和解决问题的能力。要求学生能够灵活运用多个学科的理论和方法来分析问题，形成全面、客观的观点和结论。

2. 创新能力

评估学生在解决复杂问题时的创新思维和创造性表达能力。

（1）创新思维

评估学生在解决复杂问题时的创造性思维能力，包括发散思维、批判性思维、创意产生和创新解决方案等方面。

（2）创造性表达

评估学生创新思维在表达方式上的应用能力，包括用清晰、简洁的语言表达创新思想和观点的能力，能够吸引听众或读者的兴趣，有独特的表达方式和创意的呈现形式。

（3）创新实践能力

评估学生将创新思维转化为实际行动和成果的能力，包括通过实践和实验验证新理念，开展实际项目和创新实践，并取得可量化的成果。

（二）跨学科交流能力评估指标

1.跨语言交流

评估学生在商务英语中与不同语言背景的人进行有效沟通的能力，包括对文化差异的敏感度和适应性等。

（1）跨文化沟通能力

评估学生在商务英语交流中与不同语言背景的人进行有效沟通的能力，包括对不同文化、习俗与价值观的理解和尊重程度。考查学生是否能够准确把握对方的文化差异，以此来调整自己的表达方式和沟通策略。

（2）文化敏感度

评估学生对于跨文化交流场景中文化差异的敏感度和理解能力，包括对潜在误解的预防和处理能力，以确保跨语言交流的顺畅和有效性。

（3）适应性

评估学生在跨语言交流中的适应性和灵活性，包括适时调整语言表达方式、倾听和理解对方观点、主动寻求和提供帮助等方面。要求学生能够快速适应各种语言环境，积极融入跨文化团队，促进合作与交流。

2.团队合作能力

评估学生在跨学科团队中的合作和协作能力，包括沟通和协调技巧、角色分工和冲突解决等。

（1）沟通和协调技巧

评估学生在跨学科团队中的沟通和协调能力，包括清晰表达观点、有效倾听他人意见、协调冲突和解决问题的能力。要求学生能够有效地与团队成员沟通合作，协调一致行动。

（2）角色分工

评估学生在团队合作中合理分配角色和任务的能力，包括根据团队成员的优势和专长制定合理的分工计划，以实现协作共赢的团队目标。

（3）解决冲突的能力

评估学生在跨学科团队中处理冲突和解决问题的能力，包括适时介入、妥善处理分歧和纠纷、协调不同利益诉求、实现团队和谐发展。要求学生能够以开放、包容的态度处理团队内部冲突，并带领团队共同成长和取得成功。

三、实践能力

（一）解决问题能力评估指标

1. 分析和思考能力评估指标

（1）问题定义能力

评估学生在商务环境中定义问题的准确性和清晰度，包括识别问题的核心要素、确定问题的范围和目标，并提出问题解决的目标和方向。

（2）信息搜集和分析能力

评估学生获取和分析问题相关信息的能力，包括有效收集信息、筛选和整理相关数据、进行合理的数据分析和解释，以支持问题解决过程。

（3）解决方案提出能力

评估学生针对商务问题提出解决方案的能力，包括综合考虑多种因素、运用相关理论和方法，并能合理地提出可行且创新的解决方案。

2. 决策能力评估指标

（1）信息处理和权衡能力

评估学生在商务决策情境中处理信息和权衡利弊的能力，包括对不同选项和观点的全面理解、辨别关键信息和判断信息的可靠性。

（2）风险评估和管理能力

评估学生在商务决策中识别和评估风险的能力，包括对潜在风险和不确定性的认知，制定相应的风险管理策略和应对措施。

（3）快速决策和行动能力

评估学生在商务挑战下做出明智决策并实施行动的能力，包括从多个选项中迅速做出决策，并能够果断地采取行动。

（二）创新能力评估指标

1. 创意产生和推动能力评估指标

（1）创意思维和想象力

评估学生在商务英语环境中展现创意思维和想象力的能力，包括产生新颖、有创意的观点、想法和解决方案。

（2）问题识别和提出能力

评估学生在面对商务挑战时识别问题，并提出具有创新性的解决方案的能力，包括对问题的深入思考、从不同角度审视并产生独特的见解。

（3）推动变革和创新

评估学生在商务英语环境中推动变革和创新的能力，包括积极引导团队或组织进行创新实践、改进业务流程或市场策略，提高效率和业绩。

2. 创新实践能力评估指标

（1）实施创新计划

评估学生将创新思维转化为实际行动和成果的能力，能够规划、组织和执行具体的创新计划，解决实际商务问题。

（2）创新项目管理

评估学生在创新项目中的管理和协调能力，包括制定计划、控制进度、分配资源、协调团队合作等，确保创新项目的顺利进行和成功交付。

（3）创新成果评估

评估学生对创新成果的评估和反馈能力，包括收集和分析创新成果的效果和影响，不断优化和改进创新结果，实现持续创新。

第二节　评估的方法与工具

一、定性评价方法的应用

（一）案例分析

1. 思维深度和广度

对于案例分析来说，学生的思维深度和广度是评价的重要指标。这包括学生是否能够从不同角度全面思考问题，对商务案例展开深入分析，并提出具有前瞻性和创新性的解决方案。思维深度体现着学生的思考深度和逻辑清晰度，而思维广度则体现了学生的思考多元化和全面性。

2. 解决问题的能力

评价学生的案例分析能力时，需要关注其解决问题的能力。学生是否能够准确把握问题核心，找到关键因素并提出有效解决方案。此外，学生在提出解决方案时是否考虑到各种可能产生的影响和风险，以及是否具备跨文化沟通和合作能力等方面也需要加以评估。

3. 团队合作及沟通能力

在进行案例分析时，学生通常需要与团队成员合作协作，共同完成分析和解决问题的任务。因此，团队合作能力和沟通能力也是评价指标之一。学生在团队中扮演的角色、协调沟通的能力、对团队目标的贡献等方面都可以反映出其团队合作和沟通能力的水平。

（二）学生作品评价

1. 创造性和表达能力

评价学生作品时，首先要关注其创造性和表达能力。学生作品是否富有想象力和创新性，是否能够形象生动地表达所思所想。通过作品的品质和内容能否吸引读者的注意力来评价其创造性。

2. 专业知识和逻辑性

学生作品不仅要体现创意和个性，还需要准确运用所学的专业知识，并呈现出清晰的逻辑结构。评价学生作品时，需要关注其专业性和逻辑性，看是否能够将学习成果有效地应用到作品中，并呈现出完整和连贯的论述结构。

3. 自我评价和改进能力

学生作品评价不仅看内容和形式，还应重视学生对自身作品的评价和改进能力。学生是否能够客观地评价自己的作品，认识到存在的不足并寻求改进，反映出了其自我反思和成长的能力

（三）实习报告评估

1. 实践能力和经验积累

实习报告评估的重点在于学生在实践中的表现和所获得的经验。评价学生的实习报告时，需要关注其实践能力和实际操作的水平，看学生在实习过程中所涉及的任务和项目能否胜任和完成，以及是否获得了实际的经验积累。

2. 反思能力和自我提升

学生撰写实习报告时，通常会对实习期间的感悟和体会进行反思和总结。评价学生实习报告的一个重要指标就是看学生是否具备反思能力和自我提升的

意识，能否深入挖掘实习经历中的收获和教训，为未来的发展做出合理评估和规划。

3. 职业素养和团队合作

除了实践能力，实习报告评估还应关注学生的职业素养和团队合作能力。学生在实习中是否遵守职业操守、积极主动投入工作、与同事良好协作等方面都是需要评价的内容。对学生在实习中的职业态度和团队合作能力进行评估，有助于培养其综合素质和职场竞争力。

二、定量评价工具的设计与应用

（一）问卷调查

1. 问卷设计

在设计问卷（附录一）时，需要明确评估的指标和问题内容。针对商务英语专业学生的综合素质和教学效果，可以包含对课程内容的理解与掌握、教学方法的有效性、教师的授课水平、学习动机和学习兴趣等方面的问题。问卷设计应该具有结构合理、问题清晰、选项完备等特点，以便学生能够准确、全面地反馈意见。

2. 数据收集

问卷调查通常通过在线问卷工具或纸质问卷的形式进行数据收集。需要设定一定的时间段让学生填写问卷，并保证问卷的匿名性和保密性，以鼓励学生真实表达看法。同时，要确保问卷的有效性和可信度，避免因为操作不当或问题设置不当导致数据失真。

3. 数据分析

收集到问卷数据后，需要进行数据分析，包括统计分析和主观分析。通过统计方法分析各项评价指标的得分情况，找出优势和不足之处；通过主观分析深入了解学生的意见和建议，为教学改进提供更具体的参考意见。

（二）考试成绩分析

1. 考试设计

商务英语专业的考试设计应当全面、科学、合理，以评估学生的语言能力和专业知识水平为目标。以下是关于考试设计的建议：

考试内容涵盖多个方面，包括听力、口语、阅读和写作。这些方面相互关联，共同构成了商务英语专业学生综合语言能力的评估体系。听力部分可以包括商务电话对话、商务演讲、商务会议录音等，考查学生听取商务信息的能力。口语部分可以设计口头报告、商务谈判模拟、角色扮演等，评估学生口头表达和沟通能力。阅读部分可以涵盖商务报告、商业新闻、市场调研报告等，考查学生对商务英语文本的理解能力。写作部分可以设计商务邮件、商务报告、商业计划书等，评估学生书面表达和专业写作能力。

考试题型应当多样化，包括选择题、填空题、匹配题、翻译题、作文题等。不同题型能够考查学生不同的语言技能和应用能力，有助于全面评价学生的学习成果。例如，在听力部分可以设置选择题和填空题，考查学生对商务信息的听取和理解能力；在口语部分可以设计对话任务和演讲任务，考查学生口头表达和交际能力；在阅读部分可以设置阅读理解题和信息匹配题，考查学生对商务文本的理解和分析能力；在写作部分可以设计翻译题和作文题，考查学生书面表达和写作能力。

考试内容应当贴近实际商务场景，反映商务英语应用的真实情况。考试题材可以选取真实的商务案例、商业报道、商务信函等，使学生在考试中感受到商务英语的实际运用场景，增强他们的学习兴趣和动力。

考试评分标准应当明确、公正、客观。针对不同题型和任务，设定相应的评分细则，确保评分过程公正合理。同时，考试评分应当注重学生的语言准确性、表达流畅性、专业性和逻辑性等方面，综合评价学生的语言能力和专业水平。

2. 成绩统计

教师在商务英语专业的教学中需要对学生的考试成绩进行统计和分析，以便全面了解学生的学习情况，发现问题并采取针对性地教学措施。成绩统计和分析可以从以下几个方面展开：

（1）整体成绩分布

教师需要统计整个班级或学生群体的考试成绩分布情况。这可以通过绘制成绩分布直方图或箱线图来实现。通过观察整体成绩分布，教师可以了解到学生的学习水平的普遍情况，是否存在成绩集中在某个区间或者呈现出分散的趋势。

（2）单项成绩分布

除了整体成绩分布外，教师还需要对考试的不同部分进行单项成绩分布的统计，包括听力、口语、阅读和写作等。通过分析单项成绩分布，教师可以了解学生在不同语言技能方面的表现，发现学生在哪些方面存在较大的问题或者优势，从而有针对性地进行教学调整。

（3）平均分数和及格率

教师需要计算考试的平均分数和及格率，以了解整体的考试表现。平均分数可以反映出整体的学习水平，及格率则可以显示出学生的整体通过考试的比例。这些指标可以帮助教师评估教学效果，及时发现学生的学习困难，并采取相应的教学策略。

（4）成绩相关性分析

教师可以对不同考试部分之间的成绩进行相关性分析，了解它们之间的关联程度。例如，口语成绩和听力成绩之间是否存在一定的相关性，阅读和写作成绩之间是否呈现出某种趋势。这样的分析有助于发现学生不同语言技能之间的联系，为后续的教学提供指导。

（5）成绩趋势分析

教师可以通过对历次考试成绩的比较和分析，了解学生的学习趋势和成绩变化情况。通过观察学生的成绩趋势，教师可以及时发现学生的学习状态是否有所改变，是否需要进一步的个性化指导和支持。

3. 学生反馈与改进

根据考试成绩分析结果，教师需要及时向学生反馈他们的考试成绩。通过向学生提供个性化的反馈，教师可以帮助他们全面了解自己的学习表现，并意识到存在的问题和提升空间。这种反馈可以是针对整体成绩的总体评价，也可以是针对单项成绩的具体建议。例如，对于某些学生可能在听力方面表现不佳，教师可以针对其听力技巧和策略提出改进建议；对于另一些学生可能在写作方面有所欠缺，教师可以给予针对性的写作指导和练习建议。

除了简单地向学生反馈成绩外，教师还应该帮助学生深入分析成绩背后的原因。通过与学生进行一对一的讨论，教师可以帮助他们找出学习中的薄弱环节和存在的问题。这种个性化的交流有助于建立师生之间的良好沟通渠道，让学生更加自觉地认识到自己的学习状况，并积极主动地寻求改进和提升。

针对不同学生的学习需求和特点，教师可以提供多样化的辅导和支持。这包括但不限于提供额外的练习资源、安排个性化的补课或辅导时间、提供学习技巧和方法的指导等。通过个性化的辅导和支持，教师可以帮助学生制定有效的学习计划，针对性地提升他们的学习效果和成绩表现。

　　除了在学生个人层面提供反馈和改进建议外，教师还应该考虑整体教学的改进措施。通过分析学生的集体表现和学习状况，教师可以发现教学中存在的问题和不足之处，并及时调整教学策略和教学方法。这种不断改进的过程是教学质量持续提升的关键，也是促进学生学习进步的重要保障。

（三）学术论文评审

1. 指导论文撰写

（1）明确论文要求

　　教师在学生开始论文撰写之前应当明确论文的要求和标准，包括论文的主题范围、字数要求、格式规范等。通过明确的要求，可以帮助学生明确论文的方向和目标，避免偏离主题或者超出范围。

（2）引导学生选题

　　教师可以通过与学生的讨论和交流，引导他们选择合适的研究课题。在选题过程中，教师可以帮助学生界定研究范围、明确研究目的，并提供相关文献和资料的检索方法和途径，确保学生选题具有一定的学术意义和研究价值。

（3）指导文献检索

　　文献检索是论文撰写的重要环节，教师可以指导学生掌握有效的文献检索方法和工具，如图书馆数据库、学术搜索引擎等。通过有效的文献检索，学生可以获取到相关领域的最新研究成果和学术观点，为论文的撰写提供充分的支持和参考。

（4）论文结构安排

　　教师可以指导学生合理安排论文的结构，包括引言、文献综述、研究方法、结果分析、讨论与结论等部分的组织和布局。通过合理的结构安排，可以使论文内容清晰、条理分明，提高读者的阅读理解和接受度。

2. 论文评审流程

（1）评审初稿

学生完成论文初稿后，教师可以对论文进行初步评审，主要关注论文的整体结构、论点的明确性、论据的充分性等方面。通过初稿评审，教师可以为学生提供针对性地建议和指导，帮助其完善论文内容和结构。

（2）反馈修改意见

根据初稿评审结果，教师向学生反馈论文存在的问题和改进建议。这些修改意见可以涉及论文的内容、结构、语言表达等方面，帮助学生进一步完善论文质量。同时，教师还应鼓励学生积极回应修改意见，进行必要的修正和改进。

（3）答辩

在论文最终定稿后，学生需要进行论文答辩环节。在答辩过程中，学生需要对自己的研究内容、方法和结果进行阐述，并回答评审委员会提出的问题。通过答辩，评审委员会可以全面评价学生的学术水平和研究能力，进一步提高论文的学术质量和可信度。

3. 学术指导与学生成长

（1）学术指导

论文评审过程是学生学术指导和批判性思维培养的重要环节。在评审过程中，教师不仅要关注论文内容本身，还要引导学生理解学术研究的方法和规范，培养其批判性思维和学术素养。通过针对性地指导，学生可以逐步提高自己的学术能力和研究水平。

（2）学生成长

通过参与学术论文的撰写和评审过程，学生不仅能够提高学术研究能力，还能够提升自身的表达能力、批判性思维和学术素养。学生在接受论文评审的过程中，不断吸收反馈意见，不断完善论文内容和结构，逐渐形成扎实的学术基础和独立思考能力。这种过程不仅有助于学生的学术成长，还培养了他们解决问题的能力和创新意识，为将来的学术研究和职业发展奠定了坚实的基础。

第三节　效果反馈与持续改进

一、教学效果分析与反馈机制建立

教学效果分析与反馈机制建立是确保商务英语专业复合型人才培养质量的重要环节。这一机制的建立需要从以下几个方面展开。

（一）定期开展教学质量评估

商务英语专业的教学质量评估是确保教学效果的重要手段之一。教师团队应该定期对教学活动进行评估，以确保课程的质量和效果。评估的内容应该覆盖多个方面，包括但不限于以下几个方面。

1. 课程内容的覆盖程度

评估课程内容的覆盖程度是确保商务英语专业教学质量的重要一环。这项评估需要着重考察课程设置的合理性，以及内容是否涵盖了商务英语专业所需的核心知识和技能，并且能够满足学生的学习需求。

首先，课程设置的合理性至关重要。合理的课程设置应该考虑到商务英语专业的核心目标和学生的学习需求，结合实际情况，确定课程的总体框架和各个单元的内容。这包括确定课程的主题、学习目标、教学方法和评价方式等，确保整个课程体系的完整性和连贯性。

其次，课程内容是否涵盖了商务英语专业所需的核心知识和技能也是评估的重点之一。商务英语专业涉及广泛，包括商务沟通、商务写作、商务口语、商务文化等多个方面。因此，课程内容应该全面覆盖这些方面，并且针对不同层次的学生设置相应的内容和难度。

最后，评估课程内容的覆盖程度还要考虑是否能够满足学生的学习需求。商务英语专业的学生通常具有一定的专业背景和学习目标，因此课程内容应该具有一定的针对性和实用性，能够满足学生的学习需求，并且能够帮助他们提升相关的语言能力和专业素养。

2. 教学方法的有效性

评估教学方法的有效性是商务英语专业教学质量评估中至关重要的一环。

有效的教学方法能够促进学生的学习兴趣，提高他们的学习效果，从而达到更好的教学效果。

首先，教学方法的多样化是评估的重点之一。商务英语专业的学生具有不同的学习风格和能力水平，因此，教师应该采用多种教学方法，包括讲授、讨论、案例分析、角色扮演、项目实践等，以满足不同学生的需求。通过多样化的教学方法，可以更好地激发学生的学习兴趣，提高他们的参与度和学习动力。

其次，教学方法的灵活性也是评估的重要方面。教师应该根据实际教学情况和学生的反馈意见，灵活调整教学方法，使之更加适应学生的学习需求和特点。例如，针对不同学生的学习能力和学习风格，可以采用个性化的教学策略和辅助教学工具，以提高教学效果。

最后，评估教学方法的有效性还需要考虑是否能够激发学生的学习兴趣和提高他们的学习效果。有效的教学方法应该能够引起学生的兴趣，激发他们的学习动力，使其愿意主动参与到学习过程中。同时，教学方法也应该能够帮助学生更好地理解和掌握知识，提高他们的学习效果和能力。

3. 教学资源的利用情况

评估教学资源的利用情况是商务英语专业教学质量评估的重要组成部分。充分利用各种教学资源不仅可以提高教学效果，还可以丰富学生的学习体验，促进他们的综合能力发展。

首先，评估应关注教学资源的充足程度。商务英语专业的教学涉及大量的专业知识和实践技能，因此需要充足的教学资源支持。这包括图书馆的藏书情况、实验室设备的完备程度、网络资源的丰富性等。评估教学资源的充足程度可以从资源数量、种类和质量等方面进行考量，确保教学过程中的资源供给能够满足学生的学习需求。

其次，评估教学资源的有效利用情况。教学资源的充足并不意味着教学效果就会提高，关键在于如何有效地利用这些资源。教师应该合理规划和组织教学过程，充分利用各种资源来支持教学活动。例如，教师可以引导学生利用图书馆的书籍和期刊进行文献检索和阅读，利用实验室设备进行实践操作和实验研究，利用网络资源进行在线学习和交流讨论等。评估教学资源的有效利用情况可以从资源利用率、学生参与度和学习效果等方面进行考量，确保教学资源得到最大化地利用价值。

（二）学生满意度调查

学生满意度调查（附录二）是另一个重要的反馈途径，能够直接反映学生对教学质量和效果的评价。教师团队应该定期开展学生满意度调查，收集学生对课程设置、教学内容、教学方法等方面的意见和建议。

学生满意度调查的内容可以涵盖课程设置的合理性、教学内容的实用性、教学方法的多样性、教师的教学态度和水平等方面。通过调查问卷或面对面访谈等方式，收集学生的反馈意见，为教学改进提供重要参考。

学生满意度调查的开展不仅能够帮助教师了解学生的需求和期望，还能够提高学生参与教学改进的积极性，促进教学质量和效果的不断提高。

（三）建立反馈机制

建立有效的反馈机制是保障教学质量和效果的关键。教师团队应该设立专门的渠道，接受学生、同行和其他相关人员的反馈意见。这些渠道包括但不限于以下几种方式。

1. 课程反馈表

定期向学生发放课程反馈表是获取学生意见和建议的有效途径之一。这些表格可以涵盖课程设置、教学内容、教学方法等方面，学生可以在表格中填写对课程的评价和建议。教师团队可以根据学生的反馈意见，及时调整和改进教学内容和方法，提高教学质量。

2. 建立教学反馈小组

建立教学反馈小组可以促进教师之间的交流与合作，共同探讨教学问题并提出改进建议。这个小组通常由教师、学生和其他相关人员组成，定期召开会议，就教学质量和效果进行深入讨论。通过集思广益的方式，可以更全面地了解教学过程中存在的问题，并共同寻找解决方案。

3. 定期召开教学总结会议

定期召开教学总结会议有助于教学活动进行全面的总结和反思。在这些会议上，教师团队可以分享教学经验，交流教学方法，并对教学效果进行评估。通过总结会议，可以及时发现教学过程中存在的问题，制定相应的改进计划，进一步提高教学质量和效果。

二、教学改进与优化措施实施

教学改进与优化措施实施是持续提升商务英语专业教学质量的关键步骤。在分析教学效果和接受各方反馈意见的基础上，可以采取以下措施。

（一）调整课程设计

1. 分析教学效果

（1）评估工具的选择

通过定期的课程评估和学生反馈，需要选择合适的评估工具，以收集全面准确的数据和意见。可以采用问卷调查、小组讨论、个别面谈等方式，以确保获取多维度、多角度的信息。

（2）数据分析与解读

收集到的数据和意见需要进行系统的分析和解读。可以对学生的课堂表现、作业成绩、期末考试成绩等进行统计和比较，以量化地评估教学效果。同时，还需深入挖掘学生的反馈意见，了解他们对课程内容、教学方法和教师教学水平的看法，从而发现问题和改进空间。

（3）反馈结果的应用

根据教学效果分析的结果，需要及时调整教学策略和方法，以提高教学质量和学生满意度。可以针对课程中存在的问题进行针对性地改进，比如调整教学内容、优化教学方法、加强学习资源的支持等，以确保课程的持续改进和优化。

2. 重新规划课程内容

（1）优化内容结构

根据教学效果分析和学生反馈，重新规划课程内容的结构和组织，确保各个知识点之间的逻辑关系和内在联系。可以对课程内容进行重新编排，确保内容的连贯性和前后衔接性，使学生能够更好地理解和掌握知识。

（2）满足学习需求

在重新规划课程内容时，需要充分考虑学生的学习需求和水平特点。可以结合学生的背景知识和实际需求，调整课程内容的深度和广度，确保内容既能够满足学生的学习需求，又能够挑战他们，促进其学术成长。

（3）引入实践案例

重新规划课程内容时，可以增加实践案例的引入，以帮助学生将理论知识与实际应用相结合。可以选择行业内的典型案例，让学生通过分析和解决实际问题的方式，加深对课程内容的理解和掌握，提高其实践能力和应用水平。

3.调整课程设置

（1）考量行业发展趋势

结合当前行业发展趋势和学科前沿，及时调整课程设置，确保课程内容与实际需求紧密结合。可以关注行业热点和新兴领域，引入相关的知识点和技能培训，以培养学生的创新意识和竞争力。

（2）引入新知识点

随着时代的发展和科技的进步，商务领域的知识也在不断更新和拓展。因此，在课程设置调整中，可以引入新的知识点和概念，让学生了解最新的行业动态和研究进展，提高他们的学习兴趣和专业水平。

（3）增加实践性环节

除了理论知识的传授外，课程设置还应增加实践性环节，如实习实训、项目实践等，以提供学生实际操作和应用知识的机会。可以与行业合作，开展校企合作项目，让学生在实践中学习，增强其实践能力和就业竞争力。

4.修订教学大纲

（1）明确教学目标

根据课程设计调整的需要，需要对教学大纲进行修订，明确教学目标和内容安排。可以结合课程设置调整的要求，重新界定教学目标，确保教学活动的有序进行和目标达成。

（2）内容安排的合理性

修订教学大纲时，需要重新安排课程内容的顺序和重点，确保内容安排的合理性和科学性。可以根据课程内容的难易程度和逻辑关系，合理安排教学进度，使学生能够循序渐进地学习，逐步掌握知识。

（3）设计教学活动

教学大纲修订还需要设计具体的教学活动，以支持教学目标的实现。可以结合课程内容和教学方法，设计多样化的教学活动，如讲授、讨论、实践操作等，以提高教学效果和学生的参与度。

（4）调整评价方式

最后，教学大纲的修订还需要调整评价方式，以保证对学生学习情况的全面评价。可以设计多种形式的考核任务，如作业、考试、项目报告等，以全面评价学生的学习水平和能力发展。

（二）改进教学方法

1. 调整教学策略

（1）多样化教学方法

根据教学效果分析结果，及时调整教学策略，采用更加灵活和多样化的教学方法。可以引入案例教学、小组讨论、角色扮演等活动，以提高学生的参与度和学习积极性。

（2）支持个性化学习

针对不同学生的学习特点和需求，采用个性化的教学策略。可以通过分层教学、个别辅导等方式，为学生提供针对性地学习支持，帮助他们更好地理解和掌握知识。

2. 应用教学技术

（1）多媒体教学

借助先进的多媒体技术，如投影仪、电子白板等，提升教学效果和教学体验。可以通过多媒体资源展示案例分析、行业动态等内容，激发学生的学习兴趣，增强他们的理解和记忆。

（2）在线学习平台

利用在线学习平台，为学生提供更加灵活和便捷的学习方式。可以在平台上发布课程资料、布置作业、开展讨论等，促进学生之间的交流和合作，拓展学生的学习空间。

3. 增加互动性和实践性教学环节

（1）课堂互动

加强课堂互动，提高学生的参与度和学习效果。可以通过提问、讨论、案例分析等方式，激发学生的思维，促进他们的学习动力和积极性。

（2）实践性教学

增加实践性教学环节，让学生通过实际操作来巩固所学知识。可以组织实地考察、模拟商务谈判、实践项目等活动，让学生将理论知识应用于实际情境中，提高其实践能力和应用水平。

（三）优化实习项目

1.设计实习项目

（1）项目定位与目标设定

在商务英语专业的实习项目设计中，首先需要明确项目的定位和目标。根据商务英语专业的特点和行业需求，确定实习项目的主题和范围，确保与课程内容紧密结合。同时，设定明确的实习目标，如提高学生的商务沟通能力、拓展实践经验等，以指导实习活动的开展和评价。

（2）任务分解与流程规划

将实习项目的任务进行分解，并规划实习流程。确定实习项目的各个阶段和任务，包括前期准备、实地调研、实践操作、总结报告等，确保学生在实习过程中能够有条不紊地进行，达到预期的学习目标。

2.管理实习项目

（1）制定实习计划

建立科学的实习计划，明确实习的时间安排、地点选择和活动内容。根据实习项目的特点和学生的实际情况，合理安排实习时间和任务分配，确保实习活动的顺利进行。

（2）导师指导实习

配备专业素质过硬的实习导师，负责对学生进行实习指导和辅导。实习导师应具备丰富的商务英语实践经验和教学经验，能够指导学生在实践中提升专业能力和实践技巧。

（3）监督实习过程

建立健全的实习过程监督机制，对学生的实习活动进行监督和评估。通过定期的实习报告、实地观察和学生反馈等方式，了解学生的实习进展和问题，并及时进行调整和改进，确保实习活动的质量和效果。

3. 评估实习效果

（1）定期评估与反馈

在实习过程中，定期对学生的实习表现进行评估和反馈。可以通过实习报告、实地考察、实习成果展示等形式，对学生的实习情况进行评价，及时发现问题并提出改进建议。

（2）学生收获总结

鼓励学生在实习结束后进行收获总结，反思实习过程中的收获和经验。通过写实习报告、分享交流等方式，让学生对自己的实习经历进行总结和归纳，从中获取成长和提升。

（3）实习项目改进

根据实习效果评估的结果，及时调整实习方案，提高实习项目的质量和效果。可以结合学生的反馈意见和教师的经验，对实习内容、实习方式等进行改进和优化，以适应不断变化的实习需求和学生的学习水平。

第八章　商务英语专业教学资源和环境建设

第一节　商务英语教学资源的整合与利用

一、图书馆与电子资源的整合

（一）图书馆资源整合与更新

1. 图书馆藏书整合与分类

（1）建立主题分类体系

针对商务英语领域的纸质书籍，图书馆可以建立详细的主题分类体系，如市场营销、国际贸易、商务沟通等，以便学生根据自身需求快速定位所需资源。

（2）作者与出版年份分类

除了主题分类外，还应根据作者和出版年份等信息对书籍进行分类。这有助于学生更好地了解不同作者的观点和研究成果，同时跟踪行业发展和学术进展。

（3）建立数字化索引系统

建立数字化索引系统，将纸质书籍的信息数字化管理，包括书名、作者、出版社、ISBN（国际标准书号）等，以提高资源利用率和检索效率。学生可以通过电脑或移动设备搜索到所需图书信息，方便快捷地获取相关资料。

2. 电子资源采购与更新

（1）定期采购商务英语数据库

定期购买商务英语相关的数据库，如 ProQuest、EBSCO、JSTOR 等，涵盖商务管理、市场营销、国际贸易等领域的期刊、论文和研究报告，以丰富学生的学习资源。

（2）订阅商务英语电子期刊

订阅商务英语领域的权威电子期刊，如《商务英语研究》《国际商务评论》等，及时获取最新的学术成果和研究进展，为学生的学术研究和论文写作提供支持。

（3）建立数字图书馆

建立数字图书馆平台，将图书馆所收藏的商务英语电子资源进行整合和管理，提供给学生在线阅读和下载。同时，定期更新数字图书馆的内容，确保学生始终能够获取到最新的电子资源。

（二）电子资源平台建设

1.建设在线图书馆

（1）平台建设与设计

在线图书馆平台应具备用户友好的界面设计和良好的系统功能，包括清晰的分类结构、快速的检索功能、便捷的借阅流程等。平台设计应考虑到学生的使用习惯和需求，提供简洁明了的操作界面，使其能够方便地获取所需资源。

（2）电子图书采集与更新

建设在线图书馆需要收集和整合商务英语领域的电子图书资源，并定期更新。平台应该与出版社、电子书供应商等建立合作关系，获取最新的商务英语教材、参考书籍等资源，保持平台内容的新鲜度和丰富性。

（3）用户服务与管理

在线图书馆平台应提供用户注册和个人账户管理功能，学生可以通过注册账号借阅电子图书、查看借阅记录等。同时，平台还提供在线客服支持，解答学生在使用过程中遇到的问题，保障用户体验的质量。

2.创建数字化资料库

（1）资料库内容采集与整理

创建数字化资料库需要收集、整理商务英语领域的期刊文章、学术论文、研究报告等资源。通过与学术机构、研究机构等建立合作关系，获取权威、可靠的研究成果，并进行分类整理，以方便学生检索和使用。

（2）完善检索与下载功能

数字化资料库平台应提供强大的检索和下载功能，学生可以通过关键词、作者、期刊等方式快速找到所需资料，并进行在线阅读或下载保存。同时，还可以设置文献引用格式等功能，方便学生进行学术论文写作和参考。

（3）资源质量管理与维护

资料库应定期进行质量检查和维护，确保所收集的资料质量可靠、内容真实。对于过时的、无效的资源，及时进行剔除或更新，保持数字化资料库的内容更新和完善。

二、校外实践资源的开发与利用

（一）实习基地建设与拓展

1. 建立校企合作关系

（1）合作伙伴选择与建立

学校应通过多种途径，如校企洽谈、校友资源等，选择具有一定知名度和实力的商务企业和跨国公司作为合作伙伴。建立合作协议，明确双方的合作内容、责任和权利，确保合作关系的稳定性和可持续性。

（2）实习基地资源整合与利用

将校企合作基地纳入实习资源体系中，统一管理和利用。建立实习基地数据库，包括基地信息、联系方式、实习项目等，为学生提供全面的选择和申请渠道，确保实习资源的充分利用。

2. 实践项目设计与实施

（1）项目规划与设计

根据商务英语专业的特点和学生的需求，设计多样化、有针对性的实践项目。项目涵盖商务管理、市场营销、国际贸易等不同领域，旨在让学生在实践中学习、探索和成长。

（2）项目实施与指导

在实践项目中，学校应配备专业的指导教师和企业导师，对学生进行实地指导和指导。通过实践项目的实施，学生可以将所学理论知识应用到实际工作中，培养解决问题的能力和团队合作精神。

（二）校外讲座与研讨会

1.邀请行业专家授课

（1）建立合作机制

学校应建立起与商务领域的企业、行业协会等的合作机制，以确保能够定期邀请到相关领域的专家学者和企业管理者到校园进行授课。这种合作机制可以通过签订合作协议、建立校企合作平台等方式实现。

（2）主题多样化

邀请的专家学者和企业管理者应围绕商务领域的最新趋势、管理实践、创新案例等主题进行授课。主题可以涵盖国际贸易、市场营销、商业管理、跨文化交际等方面，以满足学生对不同领域知识的需求。

（3）实践案例分享

专家学者和企业管理者在授课过程中，除了理论知识的讲解外，还应结合自身经验和实践，分享真实的商务案例和解决方案。这样的分享可以让学生更直观地了解商务实践中的挑战和应对策略，为他们的职业发展提供宝贵的参考。

2.举办学术研讨会

（1）策划学术研讨会

学校应组织专门的策划团队，负责学术研讨会的筹备和组织工作。确定研讨会的主题、议程安排、参与人员等，并邀请相关专家学者和业界人士参与讨论。

（2）学术交流与合作

学术研讨会不仅是学术交流的平台，也是促进学科建设和学术创新的重要途径。学校可以借助研讨会的机会，促进国内外专家学者之间的合作，推动商务英语教学和研究的发展。

（3）学生参与

为了提高学生的学术素养和研究能力，学校可以鼓励学生积极参与学术研讨会，并组织学生展示自己的研究成果。通过与专家学者的交流和互动，学生可以拓宽自己的学术视野，提高学术思维和研究水平。

第二节　技术设施的完善

一、语音实验室与多媒体教室建设

（一）语音实验室的建设

1. 设备配置与功能

语音实验室的设备配置和功能至关重要，对于学生在商务英语口语训练中的提高具有关键性的作用。首先，语音实验室应当配备专业的录音设备，这些设备需要具备高保真录音功能，能够准确记录学生的口语表达，并保留细微的语音特征。这样的录音设备可以让学生在模拟商务对话或演讲时进行录音，随后进行回放和自我评估，从而及时发现自己的口语表达中存在的问题，进一步改进。

其次，音频播放器也是语音实验室不可或缺的设备之一。通过音频播放器，学生可以接触到各种商务英语材料，包括商务会议录音、商务电话对话、商业演讲等。这些材料的播放能够为学生提供真实的商务场景，帮助他们模拟各种情境下的口语表达，从而提高应对商务环境的能力。

最后，语音实验室还应配备专业的语音分析软件，这些软件能够对学生的语音语调、语音节奏、发音准确性等方面进行分析和评估。学生可以通过语音分析软件自主地进行语音测试和评估，了解自己的口语表达水平，发现存在的问题，并有针对性地进行训练和改进。这种个性化的语音分析功能有助于学生针对性地提高自己的口语水平，实现更精准的口语表达。

2. 实践活动的开展

在语音实验室中，各种实践活动的开展为学生提供了宝贵的机会，使他们能够在模拟的商务环境中实践商务英语口语，有效提升自身的表达能力和沟通技巧。其中，模拟商务电话沟通是一项非常常见且重要的实践活动。通过模拟商务电话，学生可以学习和练习商务用语、电话礼仪以及解决问题的能力。他们可以扮演不同的角色，进行电话接听、信息传递、商务约定等情境，从而提高应对商务电话沟通的能力。

另一方面，商务会议演练也是语音实验室中的常见实践活动之一。在这种活动中，学生可以扮演会议主持人、与会代表等角色，参与会议议程的讨论、决策和协调。通过模拟商务会议，他们不仅可以锻炼商务用语和表达能力，还能提高团队协作、问题解决和决策能力。这种实践活动有助于培养学生在商务场合中有效沟通和协作的能力，增强其在团队中的领导和执行力。

商务演讲也是语音实验室中不可或缺的实践活动之一。通过商务演讲，学生可以练习如何清晰地表达自己的观点、如何引导听众的注意力、如何控制自己的语言和肢体语言等技能。他们可以选择不同的主题进行演讲，包括市场分析、产品推广、团队管理等，从而提高自己的演讲技巧和说服能力。这种实践活动有助于学生在商务场合中自信地进行演讲和交流，增强其在职场中的竞争力和影响力。

（二）多媒体教室的建设

1. 先进设备的配备

多媒体教室的配备应当充分考虑到现代教学的需求和学生的学习体验。其中，先进的教学设备是确保教学效果和吸引学生注意力的关键因素之一。

首先，高清投影仪是多媒体教室中不可或缺的设备之一。高清投影仪能够将教师准备的教学内容以清晰、生动的图像投射到屏幕上，使学生能够清晰地看到教学材料、图表、图片等内容，从而更好地理解和吸收知识。

其次，交互式电子白板也是多媒体教室中的重要设备之一。交互式电子白板具有触摸屏幕和电子书写功能，教师可以通过手写、绘图、标记等方式与教学内容进行互动，激发学生的学习兴趣和参与度。学生也可以通过交互式电子白板进行实时互动，回答问题、解答疑惑，促进课堂氛围的活跃和教学效果的提升。

最后，音响系统也是多媒体教室中必不可少的设备之一。良好的音响系统能够确保教师的声音清晰传达到每一个学生的耳中，使课堂讲述更加生动、有趣。同时，音响系统还可以播放与教学内容相关的音频资料、视频素材等，丰富课堂教学形式，提高学生的学习效果和参与度。

2. 课程内容展示

在商务英语教学中，多媒体教室的运用为教师提供了丰富多样的展示方式，使得课程内容可以以更加生动直观的形式呈现给学生。其中，利用多媒体教室展示商务英语相关的视频、图片、案例分析等内容具有重要意义。通过这些展示方式，学生能够更加直观地理解课程内容，加深对知识点的印象，并提高学习效果。

首先，通过展示商务英语相关的视频，学生可以观看真实商务场景中的交流对话、会议演讲、商务谈判等情境。这些视频可以来自真实的商业环境或专门制作的商务英语教学视频。学生通过观看视频，不仅能够了解商务英语在实际应用中的运用方式和技巧，还能够感受到商务交流中的语言和非语言因素，从而提高他们的商务沟通能力和应对实际工作挑战的能力。

其次，利用多媒体教室展示商务英语相关的图片和图表可以帮助学生更清晰地理解抽象概念和复杂数据。比如，展示国际贸易数据的图表、市场调研的结果图像等，可以使学生直观地了解商务领域的相关信息和趋势，有助于他们在学习和实践中做出正确的决策和分析。

最后，通过多媒体教室展示商务案例分析，教师可以向学生呈现真实的商业案例，并结合文字、图表等形式对案例进行解析和讨论。学生通过分析案例，可以从实际中学习商务实践中的问题解决方法、决策策略等，提高他们的问题分析和解决能力，增强实践能力。

3.混合式教学

随着互联网技术的发展，教育信息化已经势不可挡，信息技术在教育领域的应用为教育行业提供了更多的发展契机。在这样的发展背景下，慕课逐渐被应用于教学过程中并发挥了良好的作用。慕课以其优越的教学性能为商务英语教学效率的提升奠定了良好的基础。

（1）慕课及其优势

慕课，即大规模在线开放课程，是"互联网＋教育"蓬勃发展的产物。相对于传统的课堂教学模式，慕课具有诸多优势。首先，慕课的规模可观，可同时服务上万乃至更多的学生，大大拓展了学习的群体和范围。其次，慕课以兴趣为导向，通过网络平台进行教学，打破了时间和空间的限制。学生可以随时随地自由注册和学习，不受地域和身份的限制，实现了学习资源的开放共享。同时，由一流学府的教师提供高质量的教学内容，为学生提供了丰富的学习资源。此外，慕课采用碎片化的学习形式，使得学习更加灵活，能够根据个人时间和需求进行学习，提高了学习的效率和自主性。

慕课的另一个优势在于在线学习的功能。通过慕课平台，教师和学生可以进行充分地互动。学生能够积极参与到课程讨论和互动中，与教师和同学进行沟通和交流。此外，慕课还提供了在线作业练习和测试考核的功能，使学习过程更加完善和系统化。通过这些在线学习功能，学生能够更好地掌握知识，加深对课程内容的理解，并及时检验学习效果。

（2）基于慕课的商务英语混合式教学实践

在商务英语教学过程中，教师可以利用慕课方式与传统方式结合到一起进行教学，产生的效果要比单纯使用传统教学方式更好。

①选取慕课资源

在进入课堂之前，教师应当要对商务英语教学目标、教学内容、教学环境以及学生自身的特点进行全面了解，同时，参照教学大纲对教学的具体目标和内容进行细化，找出不同层次之间的关系，并根据这些内容来为学生选择合适的慕课资源，上传到班级的公共空间，供学生们下载观看和学习。在慕课资源的选取上，教师需要明确以下内容：现阶段的慕课资源已经开启了收费模式，可以免费利用的资源逐渐减少，这样就会导致与商务英语教学匹配的资源也逐渐减少，教师需要在这些资源中筛选有效的、与学生学习内容相匹配的资源。如果学生在课前预习中已经观看了新课的相关内容，那么教师需要通过课堂面授来进行知识的再讲解和拓展练习，并合理安排教学流程，加强各个环节之间的有效衔接。在该阶段，慕课资源的选取虽然看上去减轻了教师的工作量，但是实际上对教师的课堂设计能力、活动组织能力以及筛选查询能力等都有一定的考验，教师需要进一步提升自身的综合能力，尽量做到让课堂步步衔接、环环相扣。

②学生自主学习

许多学生缺乏自主学习的能力和自觉性，导致在线自主学习逐渐演变成了消遣活动，影响了慕课教学效果。特别是一些学生在遇到困难时很快放弃，缺乏钻研精神，进一步削弱了在线自主学习的效果。为了应对这一现状，教师应采取相应措施来增强学生的自主学习能力。

首先，教师应选择符合学习计划的慕课资源，并提供相关练习资源。这些资源包括知识点详细解释、扩展问题和专项练习题等，以便学生自主学习后进行反馈。通过关注学生是否主动观看视频以及评估他们的学习投入程度，教师可以了解学生的学习情况。

其次，教师鼓励学生观看慕课视频后做笔记并完成练习题。教师可以要求学生自我解释练习题，以加深他们对知识点的理解。利用学生扮演老师的方法，教师能够激发学生的主动学习兴趣，尤其在学习英语时，这种方法对提高学生的学习积极性尤为有效。

③教师辅助授课

慕课资源的利用并不是要求所有的课程都是通过慕课教学模式来完成，而是要求教师能够将慕课资源与教学有机结合起来，形成"线下＋线上"的教学模式。上文中已经提到，教师让学生在自主学习后整理笔记并做练习题，那么教师就可以在课堂上辅助学生对知识进一步消化，检测学生的自主学习情况，然后教师可以将事先准备好的、环环相扣的问题在课堂上进行提问，加强师生之间的互动、生生之间的讨论，促进双向交流。与此同时，教师可以根据慕课中的知识点来安排学生进行情景演练，将商务英语知识内化和吸收，以便能够加强学生商务英语知识的运用能力。教师的辅助授课实际上是将慕课内容进一步升华的过程，也是慕课教学模式中必不可少的环节，其不仅帮助学生检验和巩固知识，同时也降低了教师线下的授课量，增加了师生互动的时间，并为学生提供了更多思考和表达的机会。

二、远程教学设施的建设与应用

（一）远程教学平台建设

1. 功能设施的完善

远程教学平台在当今数字化教育环境中扮演着至关重要的角色，其功能设施的完善对于教学过程的有效展开至关重要。一个具备多种功能的远程教学平台不仅可以提供灵活的在线学习方式，还可以模拟传统面对面授课的教学场景，为学生和教师提供更丰富的互动体验。

首先，实时视频直播是远程教学平台的重要功能之一。通过实时视频直播，教师可以进行在线授课，学生可以在远程参与教学过程，促进师生之间的交流与互动。这种即时性的视频直播不仅提供了与传统课堂相似的学习体验，还能够弥补地域限制带来的交流障碍。

其次，在线互动讨论是远程教学平台的另一个重要功能。通过在线讨论板块或实时聊天工具，学生和老师可以进行课堂上的实时互动、问题解答和思想交流。这种在线互动讨论能够激发学生思维，促进学生之间的合作与学习氛围的营造，提高学生的学习效果。

再次，课件共享功能也是远程教学平台不可或缺的一部分。教师可以在平台上上传课件，学生可以随时查看并下载相关课件，便于学生复习和课后学习。课件共享功能不仅提高了教学资源的传递效率，还方便了学生对课程内容的理解和学习。

最后，作业提交与批改功能是远程教学平台应当具备的重要功能之一。学生可以在线提交作业，教师可以及时批改并给予反馈，促进学生学习成果的巩固和提高。这种及时性的作业提交与批改互动不仅方便了教师管理学生作业，也促进了学生对学习内容的深入理解。

2. 多元化的教学资源

远程教学平台作为当今数字化教育的重要工具，其整合丰富多元的教学资源对于提升教学质量和学习效果至关重要。在远程教学中，教师可以通过整合商务英语教材、课件、视频资料、案例分析等多样化教学资源，为学生提供更加全面和深入地学习体验。这些多元化的教学资源不仅为教学内容提供了丰富性和广度，还能够满足学生个性化学习需求，促进他们的知识掌握和技能提升。

商务英语教材作为一种基础性教学资源，为学生提供了系统化的、有针对性的学习内容。教师可以根据教学大纲和学生水平选择合适的商务英语教材，以帮助学生建立起扎实的语言基础。通过商务英语教材的运用，学生可以系统地学习商务英语的基本词汇、语法和句型结构，为日后的专业发展奠定坚实基础。

课件和视频资料则为远程学习增添了视觉和听觉的体验，丰富了教学方式和形式。教师可以借助精心设计的课件和视频资料生动直观地展示教学内容，让学生更加直观地理解和掌握知识点。通过视频资料，学生不仅可以聆听教师讲解，还可以观看实际操作过程或商务场景的模拟，从而更好地将所学知识与实际应用相结合。

而案例分析作为一种具体的教学方法，可以帮助学生将理论知识与实际问题相结合，培养学生的问题解决能力和分析思维。教师可以通过真实的商务案例进行分析和讨论，引导学生深入思考和分析问题，培养学生的商业敏感性和决策能力。通过案例分析，学生可以逐步掌握解决问题的方法和技巧，提高自己在商务领域的应变能力和创新思维。

（二）远程导师指导

1. 导师团队的建设

远程教育在当今数字化时代扮演着越来越重要的角色，而建立专业的远程导师团队则成为保证教学质量和学生学习效果的关键所在。特别是在商务英语这一领域，远程导师团队的建设不仅需要包括商务英语专业的教师，还应吸纳行业从业者，以确保教学内容与实际商务实践密切结合，为学生提供更加全面和实用的指导和建议。

首先，在远程导师团队中，商务英语专业的教师应具备扎实的学术基础和丰富的教学经验。他们应了解商务英语领域的最新发展动态和教学方法，能够根据学生的不同需求制定个性化的教学计划，并提供专业的指导和评估。教师在远程教学中不仅需要具备良好的沟通能力和授课技巧，还应不断提升自身的专业水平，以确保教学内容符合学科发展趋势和学生学习需求。

其次，行业从业者作为远程导师团队的一部分，将为学生提供来自实际商务环境的宝贵经验和见解。他们可以分享自己在商务实践中遇到的问题和解决方案，帮助学生更好地理解课程内容与实际应用的联系。通过与行业从业者的互动，学生可以获得更深入的行业洞察，拓宽自己的职业视野，为未来的就业和职业发展做好准备。

建立专业的远程导师团队也需要注重团队内部的协作和共享。导师之间应该相互支持、交流经验，共同探讨教学方法和课程设计，以提高整个团队的教学水平和效益。同时，导师团队还可以通过定期组织教研活动、参加学术会议等方式，不断学习和更新教育理念，保持教学的活力和前沿性。

2. 个性化辅导服务

在当今远程教育的发展趋势中，个性化辅导服务作为一种重要的教学模式，对于提高教学效果和学生学习质量起着至关重要的作用。特别是在商务英语领域，个性化辅导服务能够更好地满足学生个体差异和学习需求，提供定制化的学习支持，帮助学生克服学习困难，拓宽学术视野，进一步提高学习效率和学

术表现。

首先，远程导师可以通过远程视频会议等方式实现与学生的一对一交流。这种形式下，导师可以全程关注并了解每位学生的学习情况、学术需求和个人目标，从而有针对性地制定个性化的学习计划和指导方案。通过视频会议，导师可以实时解答学生的问题、讲解难点知识，并提供反馈和建议，使学生得以及时获得帮助，提升学习效果。

其次，利用电子邮件等线上沟通工具，导师可以与学生保持频繁的联系，提供持续的学术支持。学生可以通过电子邮件向导师反馈学习中遇到的问题，寻求建议和指导。导师可以及时回复学生的邮件，给予专业意见和帮助，引导学生找到解决问题的途径，从而促进学生的自主学习和问题解决能力。

个性化辅导服务还可以通过定期跟踪学生学习情况、制定学习计划、设立学习目标等方式实现。通过对学生学习进度和情况的全面了解，导师可以针对性地调整教学方式和内容，帮助学生更好地掌握知识点，解决学习困难，激发学习乐趣。同时，导师还可以根据学生的学习需求提供额外的学习资源和辅导材料，帮助学生进一步拓宽学术视野，加深对商务英语知识的理解和应用。

三、人工智能技术在商务英语教学中的应用

（一）人工智能技术在教学中的作用

人工智能技术在教学中的作用，首先体现在对其理论和工程研究的推动上。理论研究致力于探索智能化行为的原理，以模拟人类智慧为目标，为教学提供理论指导。与此同时，工程研究将理论转化为实践，致力于将智能化技术应用于实际教学中。这种理论与工程研究的结合，推动了人工智能技术在教学中的不断发展与应用。

1. 数据处理与智能化

人工智能技术在教学中扮演着越来越重要的角色，其中数据处理与智能化是其关键作用之一。随着信息技术的发展和应用，教学资源和信息量不断增加，如何高效地处理和管理这些海量数据成为教育领域面临的挑战之一。在这一背景下，人工智能技术的应用为教学提供了新的解决方案。

首先，人工智能技术通过智能化的数据处理，实现了教学资源和信息的高效管理。传统的教学管理往往面临着人力和时间成本高、效率低下的问题，而

人工智能技术的介入，则能够实现对教学资源的智能分类、整理和管理。通过自然语言处理、数据挖掘等技术手段，人工智能系统可以对教学资源进行智能化的标注和分类，实现个性化推荐和精准搜索，使教师和学生能够更快地获取所需信息，提高教学效率和学习效果。

其次，人工智能技术能够优化内部处理与储存方法，为教学提供更加智能的支持和服务。在传统的教学管理中，教学资源的储存和检索往往依赖于人工操作，存在着效率低下和容易出错的问题。而借助人工智能技术，可以实现对教学资源的智能化储存和管理。通过建立智能化的教学资源管理系统，结合机器学习和数据分析技术，系统可以根据用户的需求和反馈，自动优化资源的存储和检索策略，提高资源的利用率和教学效果。

2. 符号处理与人性化过渡

人工智能技术在处理符号信息时的智能化与人性化过渡，为教学提供了更加个性化和生动有趣的学习体验。在教学过程中，符号信息扮演着重要的角色，包括文字、图表、符号等形式的信息都是教学内容的重要组成部分。而通过人工智能技术的应用，这些符号信息可以得到更加智能地处理和呈现，从而使得教学过程更具人性化和个性化。

首先，人工智能技术可以实现对符号信息的智能化处理。传统的教学中，符号信息的呈现往往是静态的，比如书籍、幻灯片等形式的信息展示，缺乏交互性和动态性。而借助人工智能技术，教学可以实现对符号信息的智能化处理，例如利用自然语言处理技术实现对文字信息的语义分析和理解，利用数据可视化技术实现对图表信息的动态展示和交互操作，从而使得教学内容更加生动有趣、易于理解和记忆。

其次，人工智能技术能够实现符号信息的人性化过渡。在教学过程中，符号信息的呈现方式往往需要考虑到学生的个性化需求和学习特点。而通过人工智能技术，教学可以实现对符号信息的个性化呈现和定制化服务。例如，根据学生的学习兴趣和能力水平，智能化的教学系统可以自动调整符号信息的呈现方式和难度，提供符合学生需求的个性化学习体验。同时，人工智能技术还可以实现对学生学习过程的智能监控和反馈，及时调整符号信息的呈现方式，帮助学生更好地理解和消化教学内容。

（二）人工智能技术与高校商务英语教学之间的联系

1. 能够制订更为科学合理的教学策略

商务英语作为一门具有针对性较强的语言学科，其教学活动的内容繁重且复杂，因此在实际教学中往往需要制订更为科学合理的教学策略。人工智能技术在这一领域的应用为制订科学化的教学方案提供了新的可能性。

第一，商务英语涉及的专业名词较多，交流方式更注重商业需求，因此在教学过程中需要针对性地培养学生的语言技能和商业交流能力。人工智能技术能够通过对人类思维的模仿，对复杂性较强的英语教学进行独特的求解方式推理。通过智能化的方式分析学生的学习特点和需求，为每个学生制订最恰当的学习方案，实现个性化教学。

第二，商务英语教学需要强调学生的思维模式培养，因为商务交流不仅仅是语言能力的展示，更重要的是逻辑思维和问题解决能力。人工智能技术的思维求解过程能够实现人脑思维逻辑的再现，通过智能的方式对学生的学习过程进行科技感更强的帮助。智能化的教学系统能够针对商务英语学习的特点和需求，设计相应的思维训练和问题解决活动，帮助学生培养逻辑思维能力，提高在商业交流中的应对能力。

人工智能技术还能够通过大数据分析和智能推荐系统为教师提供科学化的教学支持。通过分析学生的学习数据和行为，智能系统可以了解学生的学习状态和需求，为教师提供相应的教学建议和反馈。同时，智能推荐系统可以根据学生的学习情况和兴趣推荐适合的教学资源和活动，帮助教师更好地设计教学内容和活动。

2. 通过科技力量改变高校传统的教学质量

部分高校教育受传统教育模式的束缚，导致教学质量难以有较大的提升，同时指导教师的创新力较差。在这种困境下，高校的商务英语教学需要借助现代科技的力量从陈旧死板中脱离出来，而人工智能技术成为一种优选的方案。人工智能技术模仿人脑的智能化，能够改善教学中所面临的教学效果不佳的状况，对实际课程中的教育短板予以纠正和补齐，使得日常教学更加适合课程标准和时代化的课程理念。

在科技教育的变革中，人工智能技术的应用将为高校商务英语教学带来多重积极影响。

首先，人工智能技术能够针对传统教学模式的不足之处，提供更为个性化和精准的教学方案。通过对学生学习过程和行为的数据分析，智能系统可以了解学生的学习特点和需求，从而为教师制订更为科学合理的教学策略提供支持。这种个性化教学模式能够更好地满足学生的学习需求，提高教学效果。

其次，人工智能技术还能够为教师提供更为有效的教学辅助工具和资源。智能化的教学系统可以根据学生的学习情况和教学目标，智能推荐适合的教学资源和活动，帮助教师更好地设计和组织教学内容。同时，智能系统还能够实现对学生学习过程的实时监控和反馈，帮助教师及时调整教学策略，提高教学效率。

人工智能技术还能够为教学过程增添更多的趣味性和交互性。智能化的教学系统可以设计丰富多样的教学活动和游戏，激发学生的学习兴趣，提高他们的参与度和积极性。通过与智能系统的互动，学生可以更加深入地理解和应用商务英语知识，从而提升学习效果。

3.改变高校商务英语教学中的思维问题

我国的英语教学长期以来一直存在着"中式英语"的问题，这表现为学生在英语学习中的思维方式往往受到汉语的影响，缺乏英语式思维的训练和培养。具体而言，学生在进行英语交流时倾向于依赖"英译汉+汉译英"的模式，无法自如地进行"英+英"的交流，导致一些翻译错误和语言理解不当的情况出现。例如，"好好学习，天天向上"被翻译成"good good study，day day up"，或者英文俗语"cats and dogs"被理解为"小猫小狗"，而非正确的"倾盆大雨"。

这种"中式英语"的思维问题主要源于学生对英语语言和文化的认知不足，以及对英语交流技能的缺乏。缺乏口语交流能力是这种问题的典型代表特征，学生往往只是被动地接受和记忆语言知识，而缺乏实际运用和交流的机会。因此，解决这一问题需要采取一系列有效的教学手段和方法，其中人工智能技术的应用可以提供一种创新的解决方案。

人工智能技术的应用在语言教育领域已经取得了一定的进展，其模拟人脑的智能化特性能够为学生提供更加个性化和有效的英语学习体验。通过计算机语言和智能系统，可以构建完善的英语教学系统，为学生提供全方位的语言学习支持。智能化的教育系统不仅可以针对学生的学习特点和需求，提供个性化的学习内容和任务，还能够通过模拟真实情境的对话和交流，帮助学生培养英语式思维和交流能力。

具体而言，人工智能技术在英语教学中的应用可以通过以下几个方面改变学生的思维问题。首先，智能化的教育系统可以设计各种情境化的语言学习任务和活动，帮助学生从实际生活中获取语言输入并进行模拟对话和交流。这种情境化的学习方式能够激发学生的学习兴趣，增强他们的语言理解能力和应用能力。其次，智能系统还可以根据学生的学习情况和表现，智能调整学习内容和难度，提供个性化的学习路径和反馈。通过不断地自适应学习和个性化指导，学生可以更加有效地提升自己的语言水平和交流能力。

人工智能技术还可以为教师提供更多的教学辅助工具和资源，帮助他们更好地设计和组织教学内容，提高教学效率和质量。智能系统可以实现对学生学习过程的实时监控和分析，为教师提供科学的教学建议和支持，帮助他们及时调整教学策略，更好地满足学生的学习需求。

4.促进我国高校英语教育的发展

人工智能技术在我国高校英语教育领域的应用对教育的发展起到了促进作用。语言作为人类最主要的沟通工具之一，在教育中扮演着重要角色。人工智能技术的引入为语言教学提供了全新的途径和可能性。其中，语言智能处理和语音识别技术是人工智能系统的核心特色，而在线翻译等机器化工具则为学生学习提供了便利。在我国高校英语教育中，这些技术为教学提供了多方面的支持和帮助。

首先，语言智能处理技术为语言教学提供了更加个性化和高效的辅助。通过智能化的语言处理系统，学生可以根据自身的学习需求和水平获取个性化的学习资源和指导。这种个性化的学习方式可以更好地满足学生的学习需求，提高学习效率和质量。例如，智能化的语法纠错系统可以帮助学生及时发现和纠正语法错误，提高写作水平。

其次，语音识别技术为口语学习提供了新的可能性。通过智能化的语音识别系统，学生可以进行口语训练，并获得及时的反馈和指导。这种实时的语音识别技术可以帮助学生提高发音准确性和口语流畅度，加强口语交流能力。同时，智能化的语音识别系统还可以记录学生的口语表现，为教师提供评估依据，帮助其更好地指导学生的口语训练。

机器化的在线翻译工具为学生提供了方便快捷的学习资源。学生可以通过在线翻译工具快速查阅英语资料，解决语言障碍，扩大学习范围。这种便捷的翻译工具可以帮助学生更好地理解英语原文，促进阅读理解能力的提高。同时，学生也可以通过在线翻译工具进行跨文化交流，拓宽视野，增强语言应用能力。

（三）人工智能技术的实际教学应用分析

1.SAIETS 教学系统的设计

人工智能技术在教育领域的应用为教学系统的设计和实施提供了全新的可能性。SAIETS（Smart Artificial Intelligence Education Teaching System）教学系统是一种基于人工智能技术的智能化教学系统，其设计结构和运行方式为教师和学生提供了更加便捷和高效的教学服务。

SAIETS 教学系统的基本结构如图 8-1 所示，主要包括 C/S 终端自助系统和 B/S 在线系统两种运行模式。在联网状态下，用户可以通过 B/S 在线系统进行教学活动，而在离线状态下，仍可以通过 C/S 终端自助系统进行教学操作。这种双重模式的设计保证了力学系统的稳定性和可靠性，同时也提供了更大的灵活性和便利性。

SAIETS 教学系统的运行方式分为离线和在线两种模式。在离线模式下，系统通过预先下载好的数据库和人工模拟系统为用户提供智能化服务和知识支持，即使在没有网络连接的情况下也能够进行教学活动。而在线模式则可以通过互联网实现在线连接，使得教学系统能够及时更新和获取最新的教学资源。

教学系统的课程编排主要以课件形式为主，辅以指导教师的重要体验和其他学习模块。人工智能技术通过课件设计和教学理论的运用，对学生的学习方案进行指导和影响，同时在课件编排中加入了学生阶段性测试和综合能力测评，为学生提供了更加全面和个性化的学习体验。

SAIETS 教学系统将学习内容分为多个版块，包括学习知识、测评、作业、习题等，使学生能够更自主地选择练习和学习内容。学生完成学习后，系统会自动生成学习结果和相关导图，并给予科学化的指导和建议，帮助学生更好地了解自己的学习情况并进行针对性提高。

此外，SAIETS 教学系统还通过在线智能聊天的方式提供教学支持。学生可以通过语音或文字与系统进行对话，快速解决疑问和难题，提高学习效率和质量。这种智能化的交互方式为商务英语教育提供了全新的应用场景，使学习更加生动和高效。

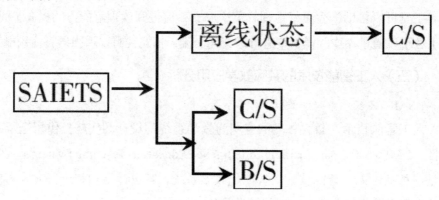

图 8-1　SAIETS 技术的基本结构

2. 蓝墨云的人工智能技术

蓝墨云班课是一款基于人工智能技术的教学软件，旨在提供现代化的商务英语教学服务。该软件通过手机端推送资源和签到功能，替代了传统的授课签到方式，使商务英语教学更加便捷和高效。其理念是"轻松一点、有趣一点"，在核心技术的推动下，蓝墨云班课逐步转变为"云班课"，为教育领域带来了全新的教学体验。

蓝墨云班课的人工智能技术不仅在市场营销上承诺永久免费，而且为师生提供了更优质、更稳定的服务。经过几代核心技术的不断革新，从 1.1.0 版本到 4.3.2 版本，蓝墨云班课不断优化和更新，使得云班课更适合商务英语教学。其中，资源推送程序的实时更新功能，让学习资源始终保持最新，为高校师生提供了更为便捷和高效的学习环境。

人工智能技术的应用在教育领域是一种挑战，也是一种机遇。SAIETS 教学系统和蓝墨云班课作为典型的人工智能技术教学实例，为高校商务英语教学的现代化改革提供了有力支持。教师们应当紧跟教学发展的步伐，合理利用人工智能教学手段，不断探索和创新，以提高教学质量和效率。

第三节　实训基地建设

一、商务实践基地的建设与管理

（一）实训基地的规划与建设

1. 商务实践需求分析

在规划和建设实训基地之前，商务实践需求分析是至关重要的一步。这一过程旨在深入了解商务英语专业学生在实际工作中需要掌握的技能和知识，从而确定应该模拟的商务场景和实训设施。

首先，商务实践需求分析需要考虑学生在职场中所需的语言能力。商务英语专业的学生需要具备良好的英语听、说、读、写能力，以便与国际企业和客户进行有效的沟通和交流。因此，实训基地应当提供各种语言实践环境，包括商务会话模拟、电话交流、邮件写作等，以帮助学生提高语言表达能力和应对实际工作中的各种场景。

其次，商务实践需求分析还需要考虑学生在专业知识和技能方面的需求。商务英语专业学生需要掌握商业领域的基本知识，包括商务礼仪、跨文化沟通、商业谈判等。因此，实训基地应当提供相关的商业案例分析、模拟谈判、跨文化交流等活动，让学生在实践中学习并运用这些知识和技能。

商务实践需求分析还需要考虑当前商业环境的发展趋势和行业需求。随着经济全球化的深入发展，企业对商务英语专业人才的需求越来越高，尤其是具备国际视野和跨文化沟通能力的人才。因此，实训基地应当设置国际化商务环境模拟，引导学生了解国际贸易规则、市场营销策略等，培养其全球化思维和跨文化沟通能力。

2. 设施规划与设计

根据需求分析的结果，实训基地的规划和设计应充分考虑商务英语专业学生在实际工作中需要模拟的各种场景和情境。

首先，模拟商务办公室是实训基地中的重要组成部分之一。这个办公室应该配备符合实际办公要求的桌椅、电脑、打印机、传真机等办公设备，以及舒适的工作环境，让学生能够在仿真的商务环境中进行实践操作和模拟工作流程。

其次，商务会议室也是实训基地必备的设施之一。商务会议室应当设计为现代化的会议场所，配备大屏幕、投影仪、音响系统等设备，以模拟真实的商务会议场景。学生可以在这样的环境中进行商务会议模拟演练，学习会议主持、发言、协商等技能，提高他们的商务沟通和协作能力。

最后，商务谈判室也是一个必不可少的设施。商务谈判室应该设计成能够模拟真实谈判环境的场所，配备专业的谈判桌椅、录音设备、投影仪等设备，让学生能够在仿真的场景中学习谈判技巧、策略和战术，培养他们的谈判能力和解决问题的能力。

除了传统的设施外，实训基地还可以考虑引入虚拟现实（VR）和增强现实（AR）等技术手段，提供更真实的商务场景。通过虚拟现实技术，学生可以身临其境地体验各种商务场景，例如国际商务会议、跨文化谈判等，从而更加直观地理解商务实践中的挑战和机遇。增强现实技术则可以将虚拟元素与真实环境结合起来，为学生提供更加互动和沉浸式的学习体验。

3. 资源配置与采购

为了满足实训基地的教学和实践需求，需要进行相关设施和设备的采购和配置工作。首先，针对商务办公室的需求，应选择合适的办公设备，包括桌椅、电脑、打印机、传真机等，并确保这些设备的性能和质量能够满足实际办公要求。此外，还需要购置办公用品和文具，如文件柜、笔记本、文件夹等，以支持学生在实训基地进行商务文书处理和文件管理的实践。

其次，针对商务会议室的配置，应选择现代化的会议设备，包括大屏幕、投影仪、音响系统等，以确保会议场所能够满足多种商务会议的需求。此外，还需要购置会议桌椅、白板、会议记录本等辅助设备，以支持学生在模拟商务会议中的角色扮演和演练。

对于商务谈判室的配置，需要选择适合模拟真实谈判环境的设备和工具。这包括专业的谈判桌椅、录音设备、视频监控设备等，以及模拟谈判场景所需的其他辅助设备，如谈判案例、谈判手册等。同时，还可以考虑购置一些模拟谈判软件，以支持学生在实训基地进行虚拟谈判的实践。

除了设施和设备之外，还需要采购和配置相关的专业软件和模拟案例资源。这些资源包括商务英语教学软件、商务模拟软件、商务案例库等，以支持学生在实训基地进行商务实践和案例分析的学习。此外，还可以考虑购买一些在线课程资源或订阅商务英语期刊，以丰富学生的学习内容和资源。

（二）实训基地的管理与维护

1.建立管理体系

建立健全的实训基地管理体系对于确保实训基地的正常运行至关重要。首先，需要设立管理团队，包括院系领导、教务管理人员、实训基地主管等相关人员，他们将共同负责实训基地的管理和运营。管理团队应具备丰富的管理经验和教育背景，能够有效地协调各项工作，并及时解决出现的问题。

在管理体系中，需要明确相关岗位的责任和权限。针对不同的职能部门，如设施管理部门、设备采购部门、教学管理部门等，应制定详细的职责分工和工作流程，确保各项工作有条不紊地进行。例如，设施管理部门负责实训基地设施的维护和保养，设备采购部门负责采购和更新实训设备，教学管理部门负责制定教学计划和课程安排等。

另外，管理体系还应建立健全的管理制度和流程。这包括相关规章制度的制定和完善，如实训基地管理规章制度、安全生产制度、教学质量评估制度等。同时，还应建立健全的信息化管理系统，实现对实训基地各项工作的全面监控和管理，提高管理效率和工作质量。

除了内部管理，管理体系还应注重与外部相关部门和机构的合作与沟通。与学校教务处、设备采购部门、校园安保部门等部门之间建立良好的沟通渠道和合作机制，共同推动实训基地的建设和发展。

2.设备维护与更新

设备维护与更新是实训基地管理中至关重要的一环。定期检查、维护和更换实训设备可以确保设备的正常运行和安全使用，同时也有助于提升实训基地的教学效果和服务水平。首先，定期的设备检查是保障设备正常运行的基础。通过定期检查，可以及时发现设备的故障和异常，从而采取相应的维修和处理措施，防止故障对教学活动的影响。检查内容主要包括设备的外观检查、功能测试、安全性检查等，确保设备处于良好的工作状态。其次，设备的定期维护是保障设备长期稳定运行的重要手段。维护工作包括设备清洁、润滑、调试等，可以延长设备的使用寿命，减少故障的发生率。同时，对于一些易损件和关键部件，应加强定期检查和维护，确保设备的性能稳定和可靠。最后，设备的及时更新是保持实训基地教学水平的关键因素。随着科技的不断发展和更新换代，新型的实训设备和技术不断涌现，能够更好地满足教学需求和学生的学习要求。因此，实训基地应密切关注行业的发展动态，及时更新和引进符合教学需要的新型设备和技术，以提升实训教学的质量和效果。

3. 环境整洁与安全

保持实训基地的环境整洁和安全是保障学生学习和实践的重要前提。首先，环境整洁对于营造良好的学习氛围和提升学习效果至关重要。实训基地作为学生进行实践和学习的场所，其环境整洁度直接影响到学生的学习状态和心情。定期进行清洁和消毒工作可以有效清除污垢和细菌，保持空气清新和环境卫生，为学生提供一个舒适、安全的学习环境。其次，加强安全管理是保障学生身体健康和安全的重要举措。在实训基地中，可能存在各种安全隐患，如设备故障、电气火灾、化学品泄漏等，因此需要制定安全操作规范和紧急应急预案，明确责任人和应急措施，以应对突发情况。同时，对学生进行安全教育和培训，增强他们的安全意识和自我保护能力，是确保实训过程安全的重要保障措施。

4. 资源调配与维护

资源调配与维护是实训基地管理中至关重要的环节，它直接影响到教学质量和学生学习效果。首先，根据教学需求和实训计划，需要合理调配实训资源，确保其充分利用并满足教学需要。这包括对文档资料的管理，包括教材、参考书籍、案例资料等的采购、整理和分类存放，以便师生能够方便地获取所需资料。同时，对实训设备的预约和借用也需要进行有效管理，确保设备的合理利用和资源的共享。其次，需要保持实训资源的良好状态，这包括设备的定期检查、维护和保养。定期地检查可以及时发现设备存在的问题，进行及时维修或更换，以确保设备的正常运行和安全使用。同时，也需要对实训场地和教室进行定期的清洁和维护工作，保持环境整洁、设备完好，为师生提供良好的学习环境。最后，还需要建立健全的资源管理制度和流程，明确资源的归属和责任，建立资源调配和维护的管理体系。通过建立这样的管理体系，可以有效地管理和维护实训资源，提高资源利用效率，为师生提供优质的教学资源和良好的学习环境，促进教学工作的顺利开展和学生的全面发展。

二、实训基地与企业合作的发展

（一）共建实训项目

1. 学校与企业合作

学校与企业合作是推动实训项目发展的重要途径之一。通过与相关企业进行合作，学校可以更好地了解真实商务环境和市场需求，从而为学生提供更接近实际的实践机会。这种合作关系不仅有助于学生将理论知识与实际工作相结合，还能够提升学生的就业竞争力和职业素养。

首先，学校与企业可以共同制定实训项目的目标和内容。通过深入了解企业的业务需求和行业发展趋势，学校可以根据学生的专业特点和学习需求，与企业共同确定实训项目的目标和内容，确保实训项目与实际工作紧密结合，具有针对性和实用性。

其次，学校与企业还可以共同制定实训项目的评价标准。通过确定评价标准，可以清晰地界定学生在实训项目中应具备的能力和技能，并对学生的表现进行客观评估。这有助于提高实训项目的质量和有效性，为学生提供更有针对性地指导和反馈。

再次，学校与企业的合作还可以促进师资队伍的优化和提升。通过与企业的合作，学校可以邀请企业专业人士或从业者参与实训项目的设计和指导，充分利用他们丰富的实践经验和专业知识，为学生提供更具实践性和权威性的指导和培训。

最后，学校与企业合作的实训项目还可以为学生提供更广阔的就业机会。通过参与实训项目，学生可以积累丰富的实践经验，建立起与企业的合作关系，为未来的就业提供更多的选择和机会。同时，企业也可以通过实训项目了解学生的能力和潜力，为其提供更多的就业机会和发展空间。

2. 需求分析与项目设计

在学校与企业合作开展实训项目之前，进行需求分析是至关重要的一步。这个过程涉及了企业对学生实践能力的具体要求，以及学校课程设置和教学目标的考量，旨在设计出符合双方需求的实训项目。通过需求分析，可以确保实训项目的设计与实际商务环境相契合，从而为学生提供更加有效的实践机会，提升其就业竞争力和职业素养。

首先，需求分析阶段需要与相关企业进行沟通和交流，了解他们对于招聘学生的实践能力的具体要求。这可能涉及对学生所需技能、知识和经验的详细描述，以及对工作岗位的特定要求和期望。通过与企业的沟通，可以清晰地了解到企业在招聘学生时所关注的重点，有针对性地设计实训项目内容和目标。

其次，需要综合考虑学校的课程设置和教学目标，确保实训项目与学校的教学计划相协调。这包括对学生所学专业课程的内容和要求进行分析，确定实训项目在课程体系中的位置和作用，以及与学校教学目标的一致性。通过与学校相关部门和教师的讨论，可以确保实训项目与学校的教学体系相互匹配，有助于学生更好地将理论知识应用于实践中。

最后，根据不同阶段和学生特长，设计多个层次和方向的实训项目，以满足不同学生的需求。这意味着实训项目可以根据学生的学习进度、兴趣爱好和职业发展方向进行分类和设计，为他们提供更加个性化和针对性的实践机会。通过这种方式，可以最大限度地满足学生的需求，提高实训项目的参与度和效果。

3. 实训场地与设备建设

为了顺利实施实训项目，学校与企业之间的合作至关重要，其中包括规划和建设符合实践需求的实训场地与设备。这一过程需要充分考虑到实训项目的具体要求以及学生在实践中所需的条件，以确保实训的有效性和实用性。

首先，学校需要与相关企业进行充分的协商和沟通，了解其实际办公场所和模拟场景的情况，以及对实训设备和设施的需求。通过与企业的合作，可以借鉴其实际工作环境，选择合适的场地和设备，使实训更加贴近实际商务环境，提升学生的实践能力。

其次，学校可以考虑与企业共享实际办公场所或模拟场景，以节约成本并提高资源利用效率。在实训场地的选择上，可以优先考虑与企业合作的商务办公场所或模拟商务场景，确保学生在实践中能够接触到真实的商务环境，提升其实践能力和职业素养。

同时，学校还需要配备相应的办公设备和软件等，以支持实训项目的顺利开展。这包括但不限于桌椅、电脑、办公设备、专业软件和模拟工具等，确保学生能够在实践中获得必要的技能和经验，提升其就业竞争力。

4. 实训方案的制定与实施

为了确保实训项目的顺利实施和学生能够达到预期的培养目标，学校需要制定详细的实训方案，并积极实施。实训方案应该全面考虑实践任务、指导文档、评估标准等关键要素，以确保实训项目的规范性、有效性和可持续性。

首先，实训方案应明确实训项目的目标和目的。这些目标应该与商务英语专业的培养目标相一致，既要注重学生的实践能力和技能培养，又要强调学生的创新意识和解决问题的能力。通过制定明确的目标，可以为实训活动提供清晰的方向和指导。

其次，实训方案需要详细规划实训项目的流程和步骤。这包括确定实践任务的内容和要求，设计学生参与实践的具体环节和程序，以及安排实践活动的时间和地点。通过合理规划实训流程，可以使学生在实践中有条不紊地进行，提高实践效率和质量。

再次，实训方案还需要明确实训项目的资源需求。这包括人力资源、物质资源和信息资源等方面的需求。学校需要充分考虑实训过程中可能涉及的教师、导师、设备、软件和资料等资源，确保实训项目所需资源的充足和可及性。

最后，学校应组织资深教师和企业导师共同指导学生，帮助他们解决实际问题，进行反思和总结。资深教师可以提供学科知识和方法指导，而企业导师则可以分享实际工作经验和行业见解，帮助学生更好地理解和应用所学知识。通过教师和导师的共同指导，可以促进学生的全面发展和专业素养的提升。

（二）导师指导与企业导师配备

1. 双重导师指导

学校可以与合作企业协商，配备经验丰富的企业导师给予学生专业指导和职业规划建议。企业导师可以通过定期交流和指导，帮助学生理解行业动态、技能需求和就业市场，提高其在实际情境下的应变能力和实践操作水平。

2. 企业导师的选聘与培养

学校可以与企业合作，共同选拔适合的企业导师。企业导师可以是企业内部具有丰富实践经验和专业知识的员工，也可以是外部行业专家。学校可以为企业导师提供培训和指导，使其了解教学方式和帮助学生提高的方法。

3. 导师合作与沟通

学校和企业导师之间应建立紧密的合作关系，定期召开工作会议，分享学生评估和实践情况，交流学生的表现和反馈意见。企业导师可以在学校实验室或企业内指导学生进行实际操作，学校导师可以定期赴企业进行实地指导，确保学生在实训中能够得到全面地指导和培养。

4. 评价与反馈机制

学校和企业可以共同制定实训项目的评价标准，通过定期评估和反馈，对学生的实践能力进行综合评价。学校和企业导师可以就学生的表现和成果进行评估，及时反馈学生的优点和不足，指导其后续发展方向和改进措施。

三、翻译实训课程的教学管理

通过翻译实训课程的开展，能够有效提升学生对商务英语的认识，增强自身的社会实践能力，扩宽学生眼界，使学生对现代商业活动有更深入的认识。

（一）翻译实训课在商务英语教育中的重要性

商务英语教育中的翻译实训课在提升学生综合素质和应用能力方面具有至关重要的作用。当前，我国高校英语教育存在着理论与实践脱节、应试导向等问题，使得学生在实际生产与工作中难以灵活运用所学的英语知识，这主要源于传统应试教育体系的限制。商务英语作为一门结合实际社会需求的学科，不仅能够提高学生的英语能力，还能够培养他们在国际商务领域中进行跨文化交流的能力，为中外商务活动的顺利展开作出贡献，增强我国融入全球经济的竞争力。

商务英语注重学生的实践能力和实战技能的培养，在帮助学生缓解岗位发展问题，快速适应企业工作环境方面具有独特优势。因此，高校在课堂教育中创设有效的翻译实训课程至关重要。这些实训课程不仅仅是简单地传授理论知识，更应该通过渗透现代商务活动的特征、形式和要素，让学生提前接触并感受到企业文化，进而提升商务英语教学的质量和效果。

在商务英语翻译课程方面，教师需要进行大量训练与实践，使学生能够将商务英语理论知识无缝融入社会实践中，培养其翻译的实际能力。例如，通过教授笔译中的主被动语态转换技巧、断句技巧、减词译法、增词译法，以及口译中的耽搁翻译、合句技巧、预判技巧、拆句法、焊接法和顺译等技巧，引导学生熟练掌握商务翻译所需技能，从而提高其就业竞争力。

特别是在口译能力方面，这是学生参与跨国商务活动中不可或缺的技能。因为在特定的商务谈判场合中，英语语言的表达往往涵盖着不同的文化内涵。如果忽视对商务谈判语境的分析和讲解，将严重影响学生的翻译能力和全面发展，最终制约我国跨国贸易的长远发展。通过完善翻译实训课程，结合现代商务谈判的实际条件，学生将深入感受商务英语的特殊之处，加深对跨国商务谈判的认识，为未来的职业发展奠定坚实基础。

（二）翻译实训课程在商务英语教学中的问题

1. 专业型师资队伍的匮乏

我国高校商务英语教育面临的主要问题之一是师资队伍的匮乏。目前，商务英语教学主要由具备纯英语背景的教师承担，他们通过讲解商务谈判理论、传授商务英语的词汇特点和应用技巧等方式，培养学生的翻译能力。然而，商务英语与普通英语相比具有更强的专业性、内涵性和领域性。它不仅仅是简单地运用商务词汇和句式，更需要结合具体的交流语境，全面而深入地理解国际友人的谈判态度和交流意图，为我国企业的商务活动提供坚实基础。

然而，高校现有的师资队伍中，由于缺乏丰富的商务英语实践经验，对于商务活动的具体流程、谈判技巧和象征性词汇理解方面存在不足之处，无法使学生在实训课程中全面了解现代商务活动的表达形式和发展状况。此外，商务英语与专门用途英语存在一定的相似性，在教学过程中，高校通常借用具备专门用途英语教学经验的老师来承担商务英语教学任务，以提升其专业性。然而，专门用途英语的教育目标并不仅限于专业英语，更强调学术性和理论性，难以满足我国商务英语人才培养的需求。

为解决这一问题，高校应该采取有效措施来改善师资队伍的现状。首先，可以加强与企事业单位的合作，引进有丰富商务英语实践经验的专业人士参与教学。其次，可以通过教师培训和资助计划来提升现有教师的商务英语实践能力，使其能够更好地培养学生。此外，学校还可以积极与商务企业合作，组织实践项目和实习机会，使学生能够在实际商务环境中锻炼和提高自己的商务英语能力。

2. 缺乏对商务谈判内涵的渗透

当前，在商务英语教育领域，缺乏对商务谈判内涵的深入渗透是一个突出问题。优秀的商务英语翻译人员需要在熟悉商务理论知识的基础上，灵活运用高超的英语翻译技巧，传达英语语句中含蓄的潜台词给企业负责人，从而帮助现代企业把握商务谈判的机遇，提升商务活动的成功率。在商务谈判中，英语潜台词包括各种俚语、俗语以及特定语境下传达的特殊词汇，而理解和传达这些潜台词需要深入的文化背景知识。

为了有效表达英语语句的潜台词，翻译者必须具备跨文化交流技能，从文化层面进行转换，确保传达的信息准确无误。然而在高校商务英语教学中，需要教师在教学过程中深入探讨商务谈判的内涵，让学生充分感受到英语文化的独特魅力。然而遗憾的是，我国高校在实际的教学中并未充分将商务谈判的文化内涵纳入教学内容，导致学生难以将所学的英语知识有效地运用到实际的商务谈判场景中。

为解决这一问题，高校在商务英语教学中可以通过增加商务谈判内涵相关的课程内容，引导学生深入理解商务谈判中的文化背景和语言特点。同时，教师可以组织实践性强的教学活动，让学生参与模拟商务谈判，从实践中体验并应用所学知识。此外，建立与企业的合作关系，邀请商务专业人士参与教学，可以为学生提供更为真实和丰富的商务谈判学习资源，促进其对商务英语潜台词的理解和运用能力的提升。

3. 高校商务英语实训资源的匮乏

目前，在我国高校商务英语教育中，存在着商务英语实训资源匮乏的问题。很多商务英语实训教材缺乏实用性和与社会实际接轨的特点，实训软件、指导书籍以及多媒体资源也严重短缺，难以满足当代商务英语教学需求。这导致一些商务英语教师只能将翻译教程作为实训教材，严重影响了英语翻译课程的教学效果，不利于学生的全面成长。

在理论研究方面，对商务英语实训课程资源体系的完善仍有待加强。一些专家和学者认为，商务英语实训材料应以真实的商务活动为基础，但如何获取有效的教学资源，以及如何在教育层面选择构建实训课程的教学资源，仍然是当前教育领域需要探讨的问题。另一些专家和学者则主张高校应该将实训课程扩展到社会实践中，通过社会实践活动来提升学生的商务英语翻译能力和技巧，从而提高实训课程的质量。

尽管高校可以通过校企合作获得与现代企业合作的机会，但在重要的商务谈判场合或商务合作情景中，大部分企业仍然不愿意将商务谈判进展透露给院校，从而限制了学生的社会实践活动。为解决这一问题，高校可以与企业建立更加紧密的合作关系，开展实际的商务项目合作，为学生提供更真实的商务实践机会。同时，高校还可以积极寻找商务英语实训资源，包括各类实训教材、软件和多媒体资源，以提升商务英语实训课程的教学质量，促进学生的综合能力发展。只有不断完善实训资源体系，并深度结合社会实践，才能更好地提高商务英语实训的效果和境界。

（三）商务英语实训课程的教学改革策略

1. 加强教师顶岗挂职工作

为了提高商务英语实训课程的教学质量并培养学生的英语翻译能力，高校需要加强双师型教师队伍的建设，并通过教师顶岗挂职的方式来丰富商务英语教师的社会从业经验，从而为学生的全面发展打下坚实基础。

首先，高校应与现代企业达成共识，要求企业对英语教师进行短期的商务培训。这样，教师可以深入了解现代商业运作规律和发展特点，形成良好的职业发展观。在培训中，教师们将更加熟悉商务活动的实际操作，了解商务谈判流程和技巧，并学习如何在商务领域中进行英语翻译。

其次，现代企业应充分利用商务英语教师的专业知识，与他们合作开展跨境商务活动，以提升教师对商务情景的感知能力。企业可以引导教师以研究员的身份参与商务谈判过程，在观察中深入理解商务活动的细节和特点。随后，企业可以邀请教师参与商务翻译工作，培养他们成为真正的商务英语翻译人员。

通过教师顶岗挂职工作，教师们将能够融入真实的商务环境中，亲身体验商务活动，并将所学的知识运用到实践中。这种实践的机会不仅能够提升教师的专业素养，还可以使他们更好地指导学生，帮助学生理解商务英语实践的重要性和实际应用。

2. 增强商务谈判内涵的渗透力度

要增强商务谈判内涵在商务英语谈判翻译教学中的渗透力度，高校英语教师应该建立仿真型教学场景，让学生身临其境地感受商务环境的特点，从而加深对商务翻译与普通英语翻译之间的差异，并提升对商务谈判内涵的理解。首先，教师需要加强对商务谈判知识和企业合同内容的教学，让学生逐步了解现代商务活动的流程和内容，为他们打下扎实的知识基础。其次，在构建教学情景时，教师可以邀请实际从事商务工作的人员参与教学活动，通过他们真实的谈判经验来阐述学生在商务翻译中需要注意的重点，特别是商务谈判中常见的潜台词、肢体语言和表达态度等内容。

最后，在小组合作的基础上，反复进行上述仿真型教学活动，引导学生加深对商务英语知识的理解并加以巩固和吸收。通过这种互动式的教学方式，不仅能提升学生对商务谈判内涵的领悟，还可以促进学生之间的情感交流，从而有效地提高他们在商务英语翻译方面的能力和水平。这种深度融入实践场景的教学方法将使学生更具备实际应用商务英语知识的能力，为他们未来进入商务领域打下坚实的基础。

3. 构建科学系统的实训资源体系

为构建科学系统的商务英语实训资源体系，高校需要采取一系列措施。

首先，英语教师应深入企业的商务活动中，了解企业对商务英语翻译人才的需求，从而明确不同阶段商务英语教学的目标和要求。通过与企业密切合作，教师可以获取实际商务活动的案例和材料，以此为基础构建实训资源。

其次，高校应制定资源评价机制，根据教师所构建的实训资源系统，对其教育性、实效性和应用性进行评估。评价结果可以帮助教师了解资源的优缺点，并进行改进和完善，以确保教学资源的质量和适用性。

最后，高校需要建立动态更新的资源更新机制。定期或不定期地对教学资源进行考察，确保其与社会发展实际保持紧密联系。这将有助于促进课堂教育与社会发展的有效对接，不断调整和更新实训资源，以适应不断变化的商务环境和需求。

通过以上措施，高校能够构建科学系统的商务英语实训资源体系，提升实训课程的教学效果。这有助于培养学生的实践能力和英语翻译技巧，并为他们未来在商务领域的就业和发展打下坚实的基础。此外，高校通过与企业的合作，能够为我国的对外贸易活动输出更多优秀的商务英语翻译人才，促进我国经济的快速发展和与国际市场的紧密对接。

参考文献

[1] 刘佳萍，凌薇. 跨境电商背景下高校商务英语教学改革研究 [J]. 萍乡学院学报，2017，（5）：114-116.

[2] 刘治国. 茶文化在中原经济区培养商务英语人才的应用研究 [J]. 福建茶叶，2017，（4）：238-239.

[3] 吕欧. 商务英语促进电子商务国际化研究 [J]. 天津商务职业学院学报，2016，（4）：34-36.

[4] 王立非，冯薇. 跨文化商务交际的理论构建及研究进展分析 [J]. 外国语文研究，2015，（1）：86-96.

[5] 王立非，张斐瑞. 论商务英语二级学科的核心概念及理论基础 [J]. 外语学刊. 2016，（3）：63-66.

[6] 谢危. 地方应用型高校商务英语课程设置调查研究 [J]. 赤峰学院学报（自然科学版），2017，（8）：194-196.

[7] 赵楠. 人工智能应用现状及关键技术研究 [J]. 中国电子科学研究院，2017（7）：59-62.

[8] 钟耀平. 基于需求分析的商务英语专业课程设置新设想 [J]. 成都师范学院学报，2017，（4）：78-83.

[9] 邹思怿. 浅析如何把握商务英语的语言特点及翻译技巧 [J]. 求知导刊，2017（2）：119-120.

[10] 章凤花.2000-2013 国内商务英语写作教材建设及研究现状思考 [J]. 云南农业大学学报（社会科学），2015（1）：87-93.

[11] 赵群 .VR 全景技术在信息化教学中的应用的可行性研究 [J]. 无线互联科技，2017（16）：59-60.

[12] 王爱利，方霞玲. 高校英语学生提高英语阅读水平的有效性研究——以湖南女子学院为例 [J]. 产业与科技论坛，2017，16：150-151.

[13] 白蓝. 从 EGP 到 ESP：大学英语教学改革的发展趋势 [J]. 吉首大学学报（社会科学版），2019，40：139-145.

[14] 董雪. 商务英语在线互动教学交流模式浅析 [J]. 中小企业管理与科技（中旬刊），2015，2：257-258.

[15] 韩莹. 浅析大学英语在线学习平台对学生自主学习能力的影响 [J]. 课程教育研究，2019，32：116-117.

[16] 胡妮，王丽蓉. 网络环境下大学生英语在线学习策略培养研究 [J]. 高教学刊，2016，16：90-91.

[17] 胡妮. 网络环境下大学生英语在线学习效果的影响因素探析 [J]. 吉林广播电视大学学报，2016，9：1-5.

[18] 刘海鸥，张亚明，苏妍嫄，王香玉. 大学生英语在线学习平台持续使用行为影响因素研究 [J]. 教学研究，2019，42：7-13.

[19] 郭桂杭，李丹. 商务英语教师专业素质与教师发展 [J]. 解放军外国语学院学报，2015（5）：26-32.

[20] 胡柏翠. 基于语言经济学的商务英语实践教学体系构建 [J]. 黑河学院学报，2019（3）：107-109.

[21] 隋晓冰. 网络环境下大学英语课堂教学优化研究 [D]. 上海：上海外国语大学，2013.

[22] 陈家燕. 跨文化交际在商务英语学习中的运用 [J]. 南昌教育学院学报，2010（3）：162-168.

[23] 王慧杰. 网络教学在大学英语教改中的运用 [J]. 新课程研究，2016（1）：74-7.

附　录

附录一　问卷调查

请您如实填写以下问题，谢谢!

1.您对商务英语专业的课程内容是否理解与掌握良好?

（1）非常理解与掌握□

（2）理解与掌握□

（3）一般□

（4）不太理解与掌握□

（5）难以理解与掌握□

2.您认为目前所采用的教学方法是否对您的学习起到了积极的影响?

（1）非常积极影响□

（2）积极影响□

（3）一般□

（4）不太积极影响□

（5）没有积极影响□

3.您对教师的授课水平是否满意?

（1）非常满意□

（2）满意□

（3）一般□

（4）不太满意□

（5）不满意□

4.您对商务英语专业的学习动机和学习兴趣是否强烈？

（1）非常强烈□

（2）强烈□

（3）一般□

（4）不太强烈□

（5）没有强烈兴趣□

5.请提出您对商务英语专业教学改进的建议或意见：

_____

_____

感谢您的参与！您的意见对我们的教学改进非常重要。

请在下方留下您的学号（可匿名填写）：

_____

附录二　学生满意度调查问卷

尊敬的学生：

感谢您抽出宝贵的时间填写本次学生满意度调查问卷。您的反馈对我们改进教学工作非常重要。请您如实填写以下问题，并提供您的宝贵建议。所有的信息将被严格保密，仅用于改进我们的教学质量。谢谢！

1.您对商务英语专业的课程设置是否满意？（满意/一般/不满意）

2.您对课程内容的实用性和适用性是否满意？（满意/一般/不满意）

3.您对教学方法的多样性和有效性是否满意？（满意/一般/不满意）

4.您对教师的教学态度和教学水平是否满意？（满意/一般/不满意）

5.您对商务英语实践活动（如实习、项目实践等）的安排和组织是否满意？（满意/一般/不满意）

6.您对商务英语专业的教学资源（如图书馆、实验室、网络资源等）是否满意？（满意/一般/不满意）

7.您认为商务英语专业的教学活动是否有助于提高您的专业素养和实践能力？（有助于很大程度/有一定帮助/没有太大帮助）

8.您对商务英语专业的教学环境（如教室设施、学习氛围等）是否满意？（满意 / 一般 / 不满意）

9.您对商务英语专业的发展前景和就业前景是否满意？（满意 / 一般 / 不满意）

10.您对商务英语专业的整体满意度如何？（满意 / 一般 / 不满意）

请提出您认为可以改进和优化的地方，或者对我们的建议和意见。

_____

_____

感谢您的配合与支持!